瓜飯樓外集　第二卷

瓜飯樓藏文物録

下

馮其庸　藏録編著

商務印書館
二〇一九年·北京

圖書在版編目(CIP)數據

瓜飯樓藏文物録. 下/馮其庸藏録編著. —北京:
商務印書館, 2019
(瓜飯樓外集)
ISBN 978-7-100-17186-1

Ⅰ. ①瓜… Ⅱ. ①馮… Ⅲ. ①文物—中國—圖録
Ⅳ. ①K870.2

中國版本圖書館 CIP 數據核字(2019)第 046483 號

攝　　影:汪大剛　甘永潔
版式設計:姚偉延　張晶晶

瓜飯樓外集
第二卷
瓜飯樓藏文物録
(下)
馮其庸　藏録編著

商務印書館出版
(北京王府井大街 36 號　郵政編碼 100710)
商務印書館發行
北京雅昌藝術印刷有限公司印刷
ISBN 978-7-100-17186-1

2019 年 6 月第 1 版　　開本 635×965　1/8
2019 年 6 月北京第 1 次印刷　印張 32 1/2
定價: 449.00 元

瓜飯樓外集

選堂百歲

题签 姚奠中

目録

漢代至六朝畫像磚石及拓本

176 西漢 畫像磚 蹶張圖 …… 三

177 西漢 畫像磚 門吏執戟圖 …… 四

178 西漢 狩獵磚 …… 五

179 西漢 畫像磚拓本 車上雜技 …… 六

180 西漢 畫像磚拓本 車上雜技 …… 七

181 東漢 畫像石拓本 伏羲、女媧、蟾蜍 …… 八

182 東漢 畫像石拓本 鳳鳥、羽人、宴樂 …… 九

183 東漢 畫像石拓本 緝盜榮歸圖 …… 一〇

184 東漢 畫像石拓本 返家圖 …… 一八

185 東漢 畫像石拓本 七女爲父報仇圖 …… 二〇

186 東漢晚期 安徽亳州曹氏家族墓
墓門石刻拓本之一 擁盾亭長 …… 二二

187 東漢晚期 安徽亳州曹氏家族墓
墓門石刻拓本之二 擁盾亭長 …… 二三

188 東漢晚期 安徽亳州曹氏家族墓
墓門石刻拓本之三 持杖武士 …… 二四

189 東漢晚期 安徽亳州曹氏家族墓
墓門石刻拓本之四 佩劍武士 …… 二五

190 東漢晚期 安徽亳州曹氏家族墓
墓門石刻拓本之五 神龍 …… 二六

191 東漢晚期 安徽亳州曹氏家族墓
墓門石刻拓本之六 白虎 …… 二七

192 東漢晚期 安徽亳州曹氏家族墓
墓門石刻拓本之七 仙人飼鹿圖 …… 二八

193 東漢晚期 安徽亳州曹氏家族墓
墓門石刻拓本之八 雙鳳圖 …… 二九

194 東漢 永平元年 畫像石 車馬出行圖 …… 三〇

195 東漢 永平十五年 畫像石 門吏執戟圖 …… 三一

196 東漢 永熹元年 畫像石 賓主對飲圖 …… 三二

197　東漢　光和三年　畫像石　侍坐宴居圖……三三
198　東漢　畫像石　飲酒圖……三四
199　東晋　隆安二年　四靈畫像磚之玄武……三五
200　東晋　隆安二年　四靈畫像磚之青龍……三六
201　六朝　畫像磚　伎樂……三七
202　六朝　畫像磚　貴婦出游……三八
203　六朝　畫像磚　甲馬……三九
204　六朝　畫像磚　奔牛……四〇
205　六朝　畫像磚　牛車……四一
206　六朝　畫像磚　鼓吹……四二
207　六朝　畫像磚　鼓吹……四三
208　六朝　畫像磚　天馬……四四
209　六朝　模印磚畫拓本　羽人戲龍局部……四五
210　六朝　模印磚畫拓本　羽人戲虎局部……四六
211　六朝　模印磚畫拓本　羽人戲虎……四七

漢唐石刻銅簡拓本

212　東漢　建初二年　約束石券拓本……五一
213　東漢　熹平二年　司隸校尉楊淮表摩崖拓本……五三
214　五代　後周顯德二年　大周任史君屏盜之碑拓本……五四
215　宋　至和三年　宋仁宗題額褒賢之碑拓本……五九
216　唐　開元二十六年　唐玄宗入道銅簡拓本……六四
附　唐玄宗入道考……六五
217　唐　元和九年　《大秦景教宣元至本經》拓本……六九
附　《大秦景教宣元至本經》全經的現世及其他…六九

南北朝至唐佛教造像

218　北魏　佛造像碑（殘）……七九
219　北魏　佛造像碑（殘）……八一
220　北魏　佛石刻造像……八二
221　北朝　萬佛塔磚……八三
222　西魏　佛石刻造像……八四
223　唐　石刻立佛造像……八五
224　唐　石刻佛頭……八六
225　唐　石刻佛頭……八七
226　唐　鐵鑄佛頭……八八
227　唐　開元　琉璃佛造像……八九
228　唐　石刻佛造像……九〇
229　唐　天寶十一年　石刻佛造像碑……九一
230　宋至元　炳靈寺散佚佛擦擦……九二
231　陶　羽人像（殘片）……九三

金銅佛像

232 北魏 普泰 金銅佛像……九七
233 北魏 金銅佛像……九八
234 北魏 金銅佛像……九九
235 西魏 金銅佛像……一〇〇
236 北齊 金銅佛像……一〇一
237 北齊 金銅佛像……一〇二

晋唐宋元明瓷器

238 晋 洪州窑 鷄首壺……一〇五
239 晋 越窑 青瓷蛙形水盂……一〇六
240 隋至唐初 白瓷直口碗……一〇七
241 隋至唐初 越窑 青瓷碗……一〇八
242 唐 緑彩茶盞托……一〇九
243 唐 彩釉八足瓷硯……一一〇
244 唐 緑釉印花紋罎……一一一
245 唐 長沙窑 青釉褐彩三繫葡萄紋執壺……一一二
246 唐 長沙窑 三繫荷葉紋執壺……一一三
247 唐 長沙窑 花鳥紋執壺……一一四
248 唐 長沙窑 三繫褐彩執壺（殘）……一一五
249 唐至五代 影青刻花碗……一一六
250 唐至五代 洪州窑 碗……一一七
251 五代 白瓷碗……一一八
252 五代 青白瓷碗……一一九
253 五代 青白瓷碗……一二〇
254 北宋 青瓷折沿碗……一二一
255 北宋 青瓷折沿碗……一二二
256 北宋 青瓷折沿碗……一二三
257 北宋 青瓷劃花碗……一二四
258 北宋 青白瓷高足碗……一二五
259 北宋 磁州窑 鐵銹花『宣紅好酒』大酒罎……一二六
260 南宋 影青瓷印花粉盒……一二七
261 南宋 影青瓷刻花碗……一二八
262 南宋 影青瓷刻花碟……一二九
263 南宋 龍泉窑 芒口小碗……一三〇
264 南宋 嘉定十六年 頂蓋罐式穀倉罐……一三一
265 南宋 頂蓋罐式穀倉罐……一三二
266 南宋 塗山窑 黑釉盞……一三三
267 南宋 塗山窑 黑釉碟……一三四
268 南宋 塗山窑 黑釉盞……一三五
269 南宋 塗山窑 黑釉盞……一三六

270　南宋　塗山窑　黑釉盞……一三七
271　南宋　塗山窑　黑釉盞……一三八
272　宋　影青瓷葵口碗……一三九
273　宋　影青瓷刻花碗……一四〇
274　宋　越窑　青瓷碗……一四一
275　宋　青白瓷碗……一四二
276　宋　影青瓷印花粉盒……一四三
277　宋　吉州窑　黑釉茶碗……一四四
278　宋　緑釉小罐……一四五
279　宋　定窑　印花碗……一四六
280　宋　青瓷刻花碗……一四七
281　宋　青釉碗……一四八
282　宋　磁州窑　白釉盞……一四九
283　宋至元　青瓷三足爐……一五〇
284　遼　四繫罐……一五一
285　遼　白釉開光刻花牡丹龍形提梁皮囊壺……一五二
286　遼　緑釉印花皮囊壺……一五三
287　遼　白化妝土碗……一五四
288　元　磁州窑　鐵繪梅瓶……一五五
289　元　褐釉印花雙繫扁壺（口、繫殘）……一五六
290　元　瓷四繫瓶……一五七
291　元　元統三年　褐色缸片……一五八
292　元至明初　花卉紋青花罐……一五九
293　元至明初　花卉紋青花罐……一六〇
294　元至明初　青花碗……一六一
295　元至明初　白瓷碗……一六二
296　明早期　磁州窑　鐵銹花大碗……一六三
297　明　青瓷碗……一六四
298　明　白釉碗……一六五
299　明　玉溪窑　青花碗……一六六
300　明　玉溪窑　青花碗……一六七
301　明　龍泉窑　青瓷碗……一六八
302　明　白釉碗……一六九

明正德罪己詔　侯方域題李香君小像硯拓本等

303　明　正德九年　紙本　正德皇帝罪己詔……一七二
附　關於正德九年明武宗的《罪己詔》……一七八
304　明　侯方域題李香君小像硯拓本……一八一
305　清　翁方綱跋顧二娘澄泥硯拓本……一八三

宋明清迄今墨

306 北宋　乾德　宋乾德年專造墨 …………………… 一八七
307 南宋　乾道元年　乾道元年錢益司用墨 ………… 一八八
308 南宋　乾道元年　乾道元年錢益司用墨 ………… 一八九
309 南宋　乾道元年　乾道元年錢監司用墨 ………… 一九〇
310 明　萬曆三十五年　方季康藏墨 ……………… 一九一
311 明末　程君房　石榴形墨 ……………………… 一九二
312 明末清初　程公瑜　結綺墨 …………………… 一九三
313 明末　王俊卿　琴書友墨 ……………………… 一九四
314 明末清初　曹素功舊藏　小兒睛硃墨 ………… 一九五
315 清　康熙三十四年　程增　尚中堂蝶莊硃墨 …… 一九六
316 清　彩墨 ……………………………………… 一九七
317 清　御墨　內殿輕煤墨 ………………………… 一九八
318 清　康熙　汪次侯　儒林共賞墨 ……………… 一九九
319 清　康熙五十三年　貢墨　車書一統墨 ……… 二〇〇
320 清　汪時茂　桐鄉勝侶墨 ……………………… 二〇一
321 清　康熙三十四年　松籟堂墨 ………………… 二〇二
322 清　雍正五年　貢墨　范時繹　天章煥彩墨 …… 二〇三
323 清　乾隆十年　程正路　悟雪齋填詞墨 ……… 二〇四
324 清　乾隆十二年　曹素功款　隃麋墨 ………… 二〇五
325 清　乾隆十四年　汪近聖　養性殿珍藏款硃墨 … 二〇六
326 清　乾隆十九年　袁枚　輕膠十萬杵墨 ……… 二〇七
327 清　乾隆三十九年　御墨　歸昌叶瑞墨 ……… 二〇八
328 清　乾隆四十二年　蘭谷定堂滿文墨 ………… 二〇九
329 清　乾隆五十一年　石舟用張遇法造柱形墨 …… 二一〇
330 清　乾隆五十六年　清和神品墨 ……………… 二一一
331 清　乾隆五十六年　汪心農　菊香膏墨 ……… 二一二
332 清　乾隆五十七年　南畇鑒定硃墨 …………… 二一三
333 清　乾隆五十九年　汪節庵　海上聯吟之墨 …… 二一四
334 清　乾隆　王昶　三泖漁莊墨 ………………… 二一五
335 清　嘉慶　曹素功來孫堯千製十六尊者
套墨之一　阿迎阿機達尊者 ……………………… 二一六
336 清　嘉慶　曹素功來孫堯千製十六尊者
套墨之二　阿資荅尊者 …………………………… 二一七
337 清　嘉慶　曹素功來孫堯千製十六尊者
套墨之三　拔納拔西尊者 ………………………… 二一八
338 清　嘉慶　曹素功來孫堯千製十六尊者
套墨之四　嘎禮嘎尊者 …………………………… 二一九
339 清　嘉慶　曹素功來孫堯千製十六尊者
套墨之五　拔雜哩逋荅喇尊者 …………………… 二二〇
340 清　嘉慶　曹素功來孫堯千製十六尊者
套墨之六　拔哈達喇尊者 ………………………… 二二一

341　清　嘉慶　曹素功來孫堯千製十六尊者
套墨之七　嘎納嘎巴薩尊者……二二二
342　清　嘉慶　曹素功來孫堯千製十六尊者
套墨之八　嘎納嘎拔哈喇錣雜尊者……二二三
343　清　乾隆至嘉慶　詹大有　青雲路套墨之囊螢……二二四
344　清　嘉慶　九洲清晏墨……二二五
345　清　道光至咸豐　雲湖先生拜疏著書墨……二二六
346　清　道光至咸豐　雲湖先生拜疏著書墨……二二七
347　清　同治至光緒　李鴻章墨……二二八
348　清　同治　汪節庵　一瓣香墨……二二九
349　清　同治　袁昶　大富貴亦壽考硃墨……二三〇
350　清　同治　汪近聖　曼陀羅華閣填詞墨……二三一
351　清　光緒　譚獻　復堂著書之墨……二三二
352　清　光緒　富貴長宜子孫吉墨……二三三
353　清　光緒　淵如藏墨……二三四
354　清　光緒　俞樾　曲園先生著書之墨……二三五
355　清　光緒三十二年　貢墨　誠勤　萬年紅雲蝠紋硃墨……二三六
356　清　光緒　貢墨　增崇　棉花圖套墨之散出者　捒曬……二三七
357　香草庵主人　揆端百度墨……二三八
358　集賢齋書畫墨……二三九
359　曹立功　台鼎墨……二四〇
360　龍光硃墨……二四一
361　一九九七年北京國際紅樓夢研討會紀念墨……二四二
362　瓜飯樓藏烟……二四三
363　瓜飯樓校紅硯……二四四
後記……二四七

漢代至六朝畫像磚石及拓本

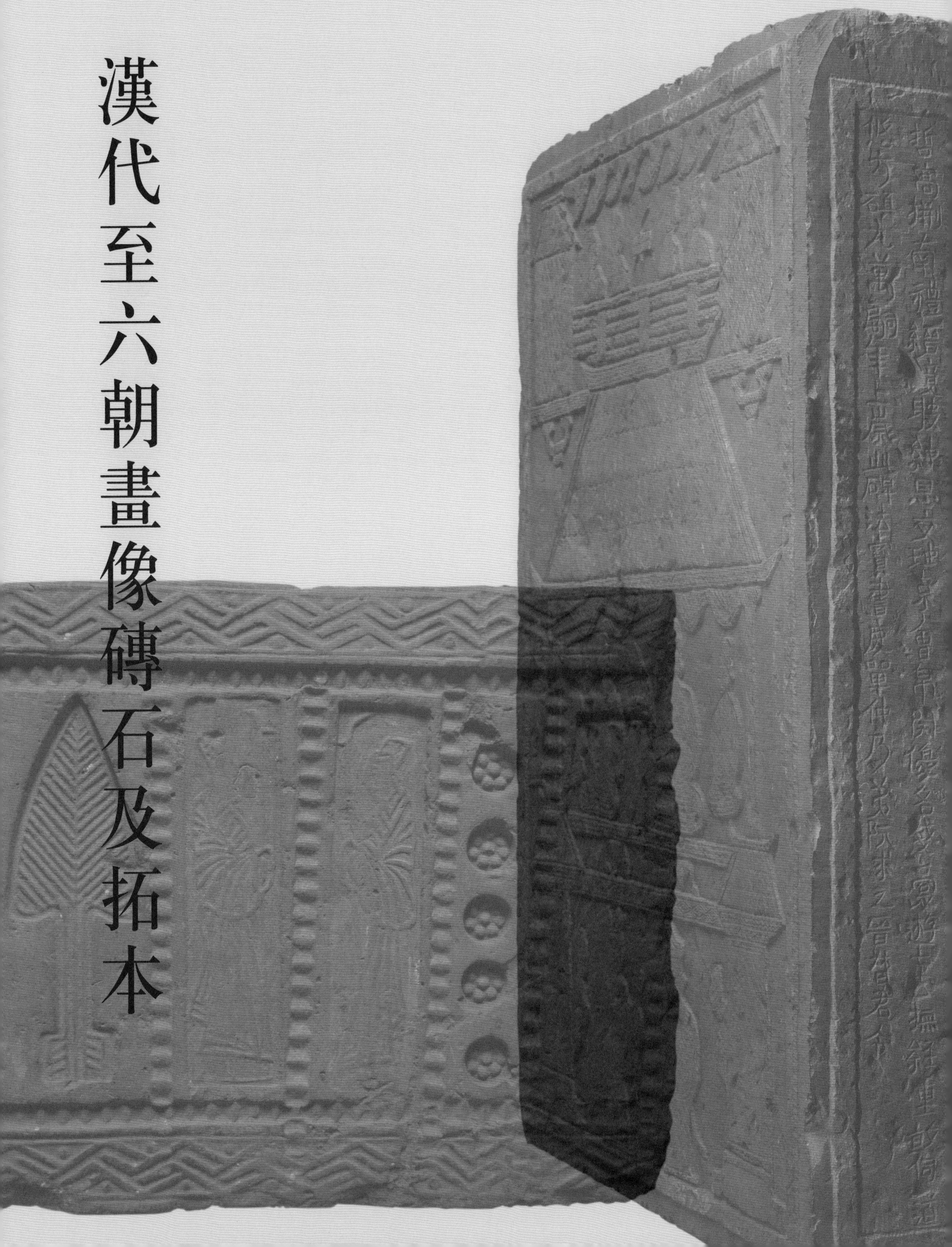

176

西漢

畫像磚　蹶張圖

長47厘米　寬37厘米　厚8厘米

上爲樹木，下三力士蹶張。

漢軍旅中設有强弩將軍、積弩將軍、强弩都尉等官職。蹶張是用脚踩拉强弩，能測試出一個人力量的大小。是國家選用武士的重要途徑。《漢書·申屠嘉傳》注云：『如淳曰：「材官之多力，能脚踏强弩張之，故曰蹶張，律有蹶張士。」』

177

西漢

畫像磚　門吏執戟圖

長32厘米　寬27厘米　厚13.5厘米

畫面分四格，中間兩格兩個門吏相向執戟而立，左邊是柏樹，右邊是鳳鳥。

178

西漢

狩獵磚

長37.5厘米　寬16.5厘米　厚7厘米

磚已殘，主體部分爲菱形紋，畫面偏下部分是群山叠嶂、獐鹿等驚恐遁逃的狩獵景象。畫面上山的形狀，是中國最早期山水畫的形狀，與敦煌山水畫對照，可以看到我國山水畫前後的聯繫和發展。

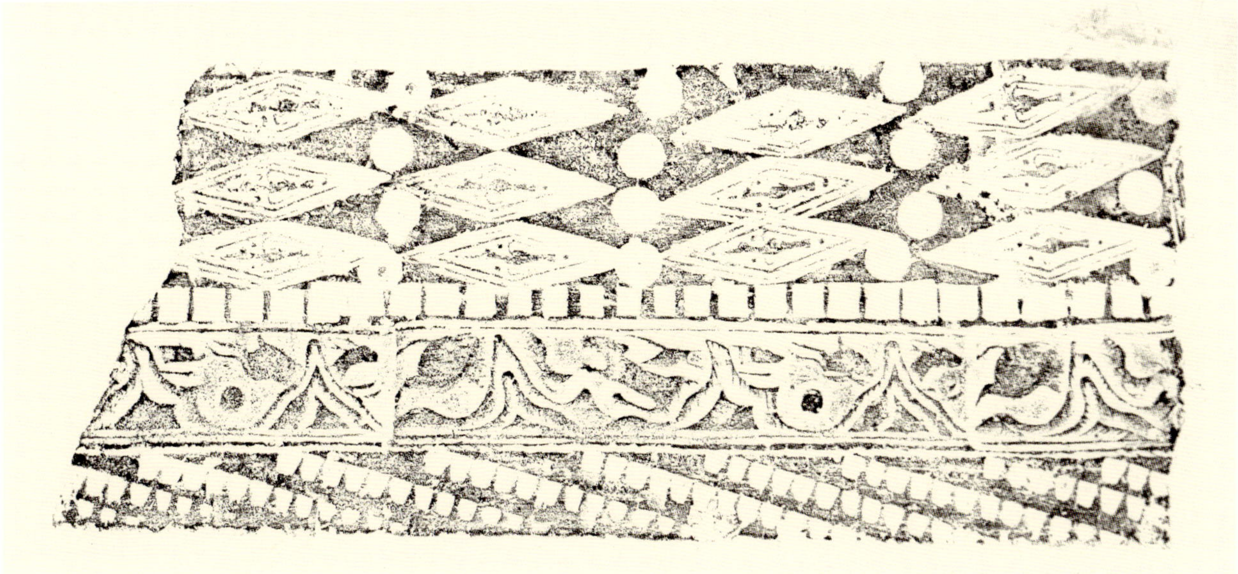

179

西漢

畫像磚拓本 車上雜技

寬142厘米 高75厘米

原磚河南新野樊集出土。

原磚已折斷，畫像内容未缺。畫像内容以車騎出行、車上表演雜技爲主。全部畫像磚上的活動都是在車騎行進中表演的，這是雜技藝術中的稀見場面。極爲珍貴。

180

西漢

畫像磚拓本　車上雜技

寬75厘米　高46厘米

原磚河南新野李湖村出土。畫像爲橫幅，上方爲變形雲氣紋，左、下爲斜方格紋，磚殘。殘存的畫面中，從右到左：一騎者肩旗導行，後面跟隨兩輛馬車，各一馬一馭一橦，在行進車中進行走索、倒挂等高難度的雜技表演，遠處騎者在飛馳的馬上彎弓欲射。

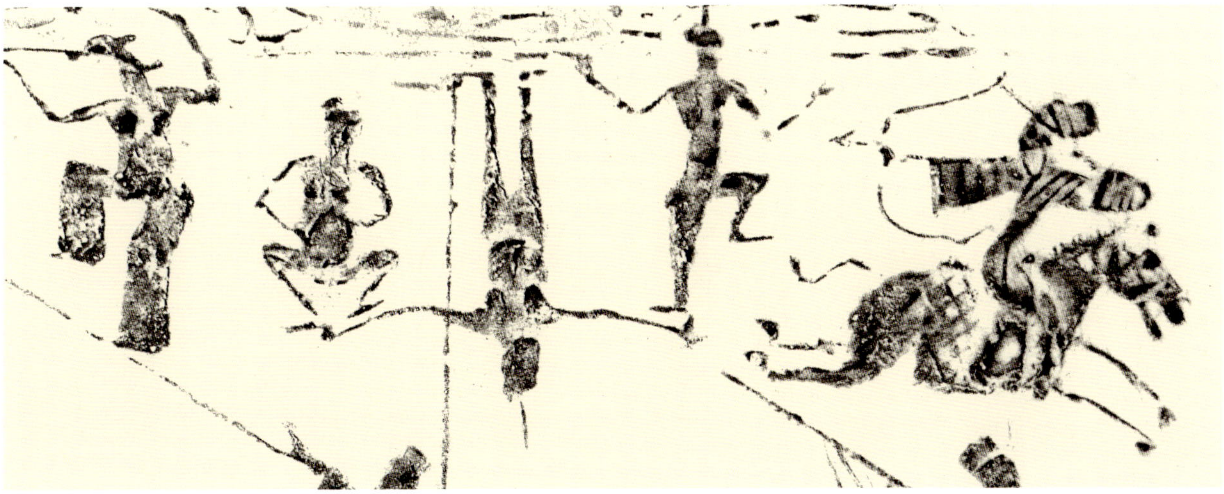

181

東漢

畫像石拓本　伏羲、女媧、蟾蜍

寬262厘米　高97厘米

原石河南南陽市麒麟崗出土。

畫面爲橫幅，中心爲蟾蜍，其兩旁有伏羲、女媧、神獸等，四周是滔滔的洪水，伏羲、女媧相距甚遠，蛇尾不相交。女媧手舉草扇遮面。這個畫面正是漢代南陽地區民間流傳的『伏羲女媧兄妹婚』神話的藝術反映。蟾蜍挽着左邊伏羲的蛇尾，右手去拉右邊的女媧，要强行把他倆結合在一起。漢畫像中伏羲、女媧兩尾相交的非常普遍，兩尾相交是伏羲、女媧已成爲夫妻的象徵。傳説洪水過後，天下僅剩伏羲、女媧兄妹二人，在人們的幻想中，便出現了洪水淹不死的『烏龜』、『蟾蜍』和銜不走的『石獅子』等『神』，這些『神』幫助伏羲、女媧躲避了給人類帶來毁滅性灾難的滔天洪水，又使他們成爲夫妻，繁衍了人類。

東漢

182

畫像石拓本　鳳鳥、羽人、宴樂

寬168厘米　高76厘米

原石一九七二年山東沂水韓家曲村出土。山東沂水縣文物管理站藏。

畫面呈半圓形，分爲三層。第一層，半圓形的圈内一雙頭拱形龍張口吐水，龍頭下有二披髮人頂盆接水。第二層，一肩生雙翅的羽人執芝草，兩邊二鳳鳥，左邊鳳鳥下有五只小鳥。第三層，中部二主人宴樂，上有一燈籠，面前置杯、盤，執便面侍立者一人。左右兩側有倒立、長袖舞、跳丸、撫琴、吹排簫的樂舞雜技表演。

便面：古代用以遮面的扇狀物。《漢書·張敞傳》：『自以便面拊馬。』顏師古注：『便面，所以障面，蓋扇之類也。不欲見人，以此自障面，則得其便，故曰便面，亦曰屏面。』

183

東漢

畫像石拓本　緝盜榮歸圖

長790厘米　高96厘米

原石一九八七年在江蘇徐州銅山縣青山泉鄉出土。藏徐州漢畫像石館。這是一座石槨墓的三面，畫面表現的是一段完整的故事。周邊飾以漢畫像石常見的連弧紋、雙菱形紋、三角紋，構圖上以兩棵大樹爲標志，將内容分爲審訊、押解和迎接三個部分。右起第一部分，先是抓捕審訊囚犯，一官吏高舉棍棒，囚犯雙腿跪地，旁邊擺放刑具。第二部分，從一棵大樹始，表示押解囚犯的途中，有六輛馬車、八位騎吏，扛旗持節押解着四名囚犯，三個頸束鉗械，一個被反綁雙手，徒步而行。其中一位騎吏的馬跟在車隊後，他徒步立在第三輛停止的馬車後，手持一物似乎正在向馬車上的官吏匯報。第三部分，亭長擁笏執盾在村口迎接，村内庖厨炊火，犒勞官兵。

此是目前國内發現最長的漢畫像石。該畫像石表現了從審訊犯人、押解囚徒到亭長迎候的全過程。

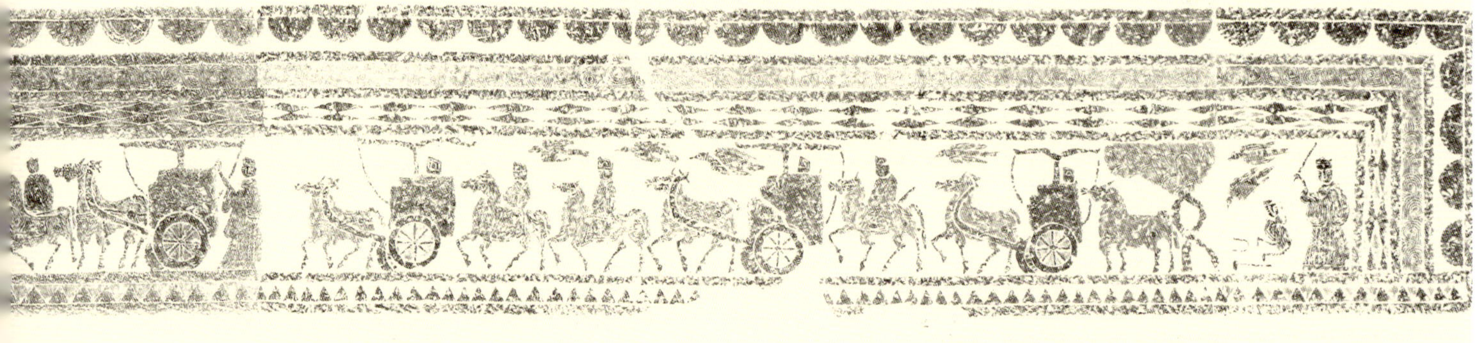

東漢

184

畫像石拓本　返家圖

寬73厘米　高68厘米

原石一九七八年發現於山東嘉祥宋山一號小祠堂。藏山東嘉祥武氏祠博物館。

此圖爲減地凸面綫刻。畫面以横欄分爲四格。從上往下，第一格，正中坐者爲東王公，他的兩側各有兩個肩有雙翅的羽人。右上方有一帶翼飛翔的仙人，右方有一肩生羽翅的仙人跪坐，其頭部剥蝕不清，他左面還有一個鳥首人身肩生雙翅的仙人，最左邊是一人首鳥身的句芒。上部飾卷雲紋，從中伸出鳥頭和獸頭。此層表現的是神仙世界。第二格，左側一組三人，中間一人撫琴，其左右各一人跪坐聽琴。右側一組亦三人，中間一人兩足踏鼓，一手摁鼓，一手舉鼓槌在跳鼓舞。另有二人在舞蹈。第三格，爲庖厨圖，左邊是一個兩火眼竈，斜烟突，竈上放甑釜，一男子跪坐在竈前燒火。竈旁懸挂猪腿、猪頭、魚、剥好的鷄、兔，二男子持刀操作，下方有一婦女在洗涮。右方有一井，井旁一具桔槔，一女子正在汲水。桔槔立杆上懸挂一只狗，一男子正持刀剥皮。第四格，右邊一輛曲轅軺車，上乘二人，車與馬之間一榜無字。車前二導騎，最前邊一騎，馬身横轉，騎者抱錦囊。象徵主人車騎歸來。〔一〕

上面三格的設置均是爲最下格的主人服務，象徵主人將要進入的仙界，其中有娛樂、美食供奉。

東王公：與西王母共爲道教尊神。又稱『木公』、『東君』，即爲神化了的太陽神。

句芒：據《山海經·海外東經》記載：『東方句芒，鳥身人面，乘兩龍。』郭璞注：『木神也，方面素服。』句芒是東方之神、木神、治春之神。『鳥身人面』反映出遠古先民對鳥的崇拜，認爲『玄鳥生商』、鳥能托起太陽升起落下，其實質上也是對太陽及太陽神的崇拜。句芒和東王公象徵東方、太陽，此畫也正是在宋山一號小祠堂的東壁。西壁畫的是西王母以及代表月亮的搗藥玉兔和蟾蜍。

【注釋】

〔一〕參見《嘉祥漢畫像石》，山東美術出版社一九九二年六月第一版。

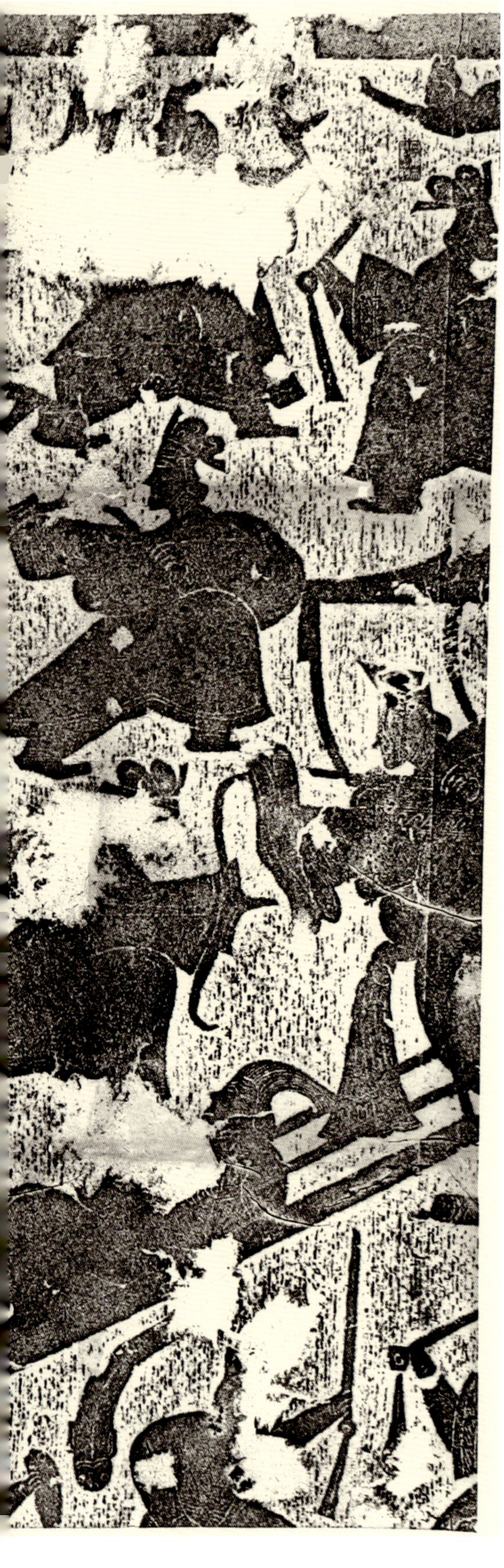

185

東漢

畫像石拓本　七女爲父報仇圖

寬91厘米　高66厘米

原石藏山東嘉祥武氏祠博物館。

此是全畫的左半部，爲減地凸面綫刻。整體的畫面刻畫了七個女子與他人在一座橋上劫殺過橋官員，爲父報仇的場景。

此圖原稱『水陸攻戰畫像』，山東嘉祥武氏祠有兩件畫像石從内容情景到人物車騎非常相似，其一爲前石室西壁下部第六石，其二爲後石室第七石。〔一〕本拓片即後石室畫像石之一部分。山東莒縣東莞出土的畫像石上也刻畫了與嘉祥武氏祠兩件『水陸攻戰圖』内容和形式都一樣的畫面，據介紹『整個畫面以橋爲中心，橋上橋下有五名女子，手執長劍、盾牌等兵器，一輛馬拉的軺車行至橋中央，車上主人已跌落橋下，左右各有一名女子，乘船持兵器向他刺去。畫面右上角有榜題，爲「七女」二字』。〔二〕内蒙古和林格爾漢墓壁畫上有榜題爲『七女爲父報仇』的故事，都是同一個故事。由此可以肯定，武氏祠所謂『水陸攻戰圖』，也是漢代流行却不見文獻記載的『七女爲父報仇』故事。北魏酈道元《水經注·沔水》記載：『堉水又東逕七女冢，冢夾水，羅布如七星，高十餘丈，周迴數畝。元嘉六年，大水破墳，墳崩，出銅不可稱計，得一磚，刻云：項氏伯無子。七女造墩。世人疑是項伯冢。水北有七女池……』相傳是漢項伯死後，他的七個女兒爲他取土築墳所造成，故稱七女池。〔三〕

【注釋】

〔一〕參見《中國畫像石全集》第一册，山東美術出版社、河南美術出版社二〇〇〇年六月出版。

〔二〕參見劉雲濤《山東莒縣東莞出土漢畫像石》，《文物》二〇〇五年第三期。

〔三〕參見黃劍華《漢代畫像中的『七女報仇』圖》，《上海文博》二〇〇七年第三期。

186

東漢晚期

安徽亳州曹氏家族墓墓門石刻拓本之一　擁盾亭長

寬120厘米　高185厘米

原墓今保存。

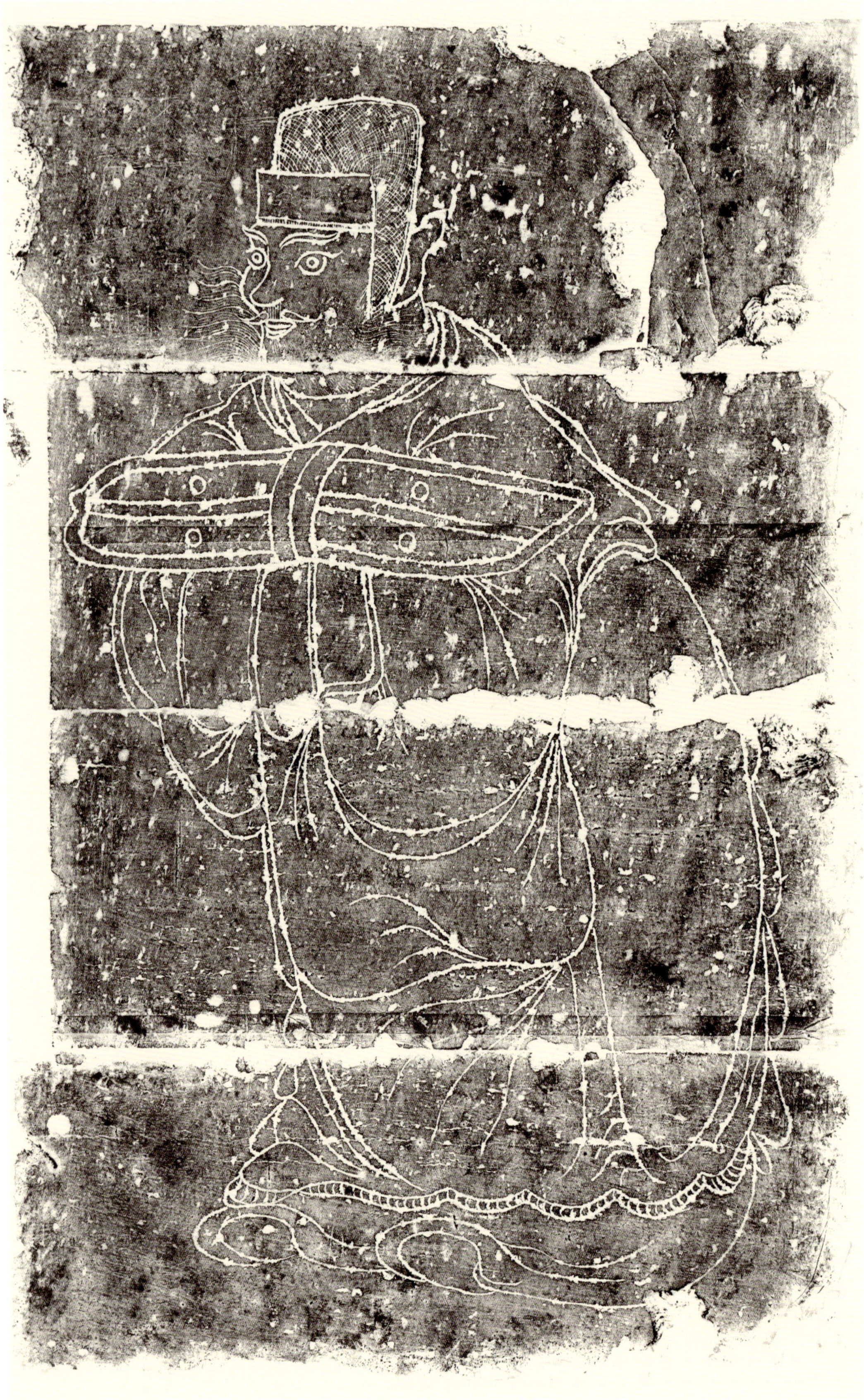

187

東漢晚期

安徽亳州曹氏家族墓墓門石刻拓本之二　擁盾亭長

寬120厘米　高185厘米

原墓今保存。

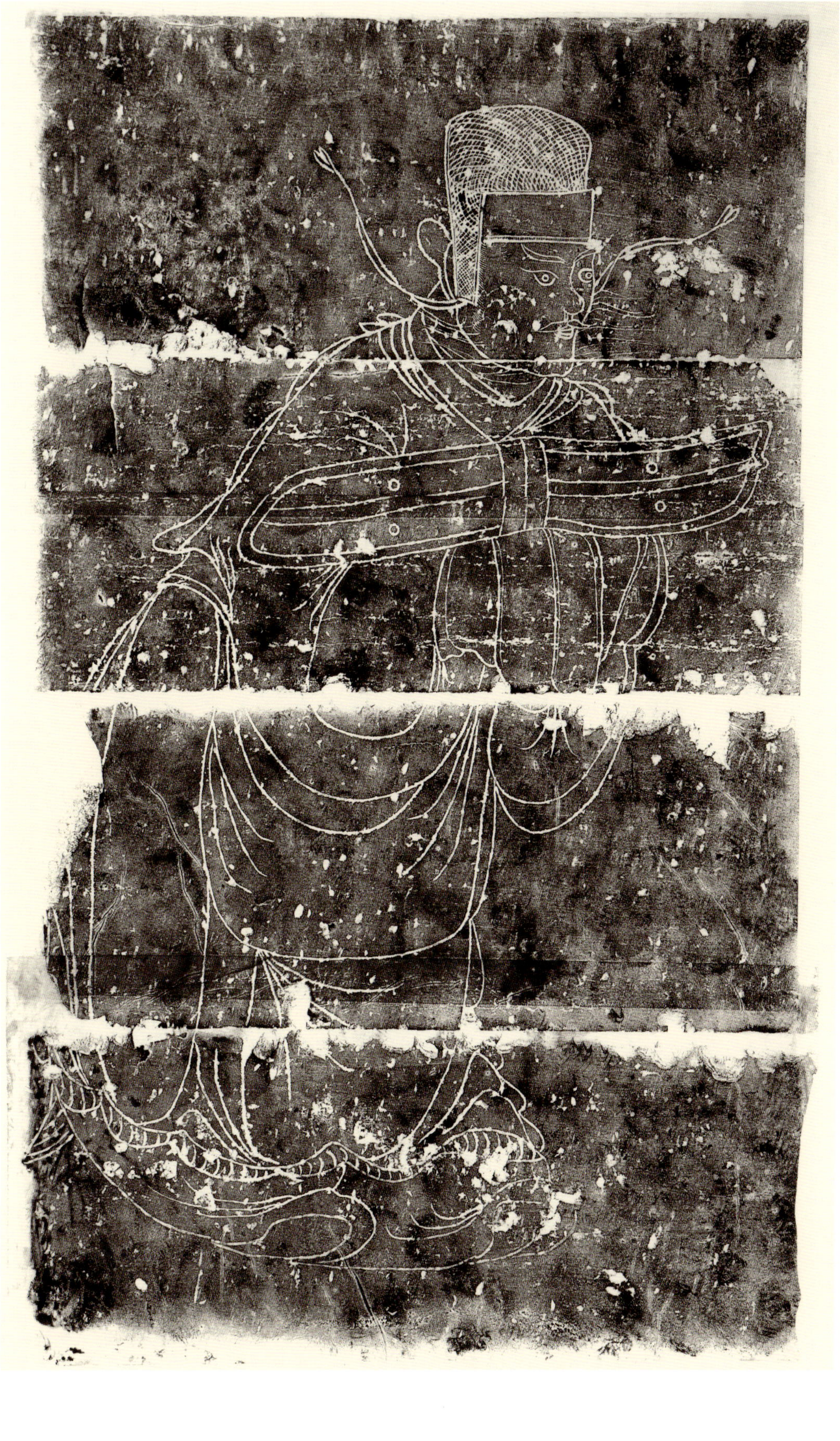

188

東漢晚期

安徽亳州曹氏家族墓墓門石刻拓本之三　持杖武士

寬120厘米　高185厘米

原墓今保存。

189

東漢晚期

安徽亳州曹氏家族墓墓門石刻拓本之四　佩劍武士

寬120厘米　高185厘米

原墓今保存。

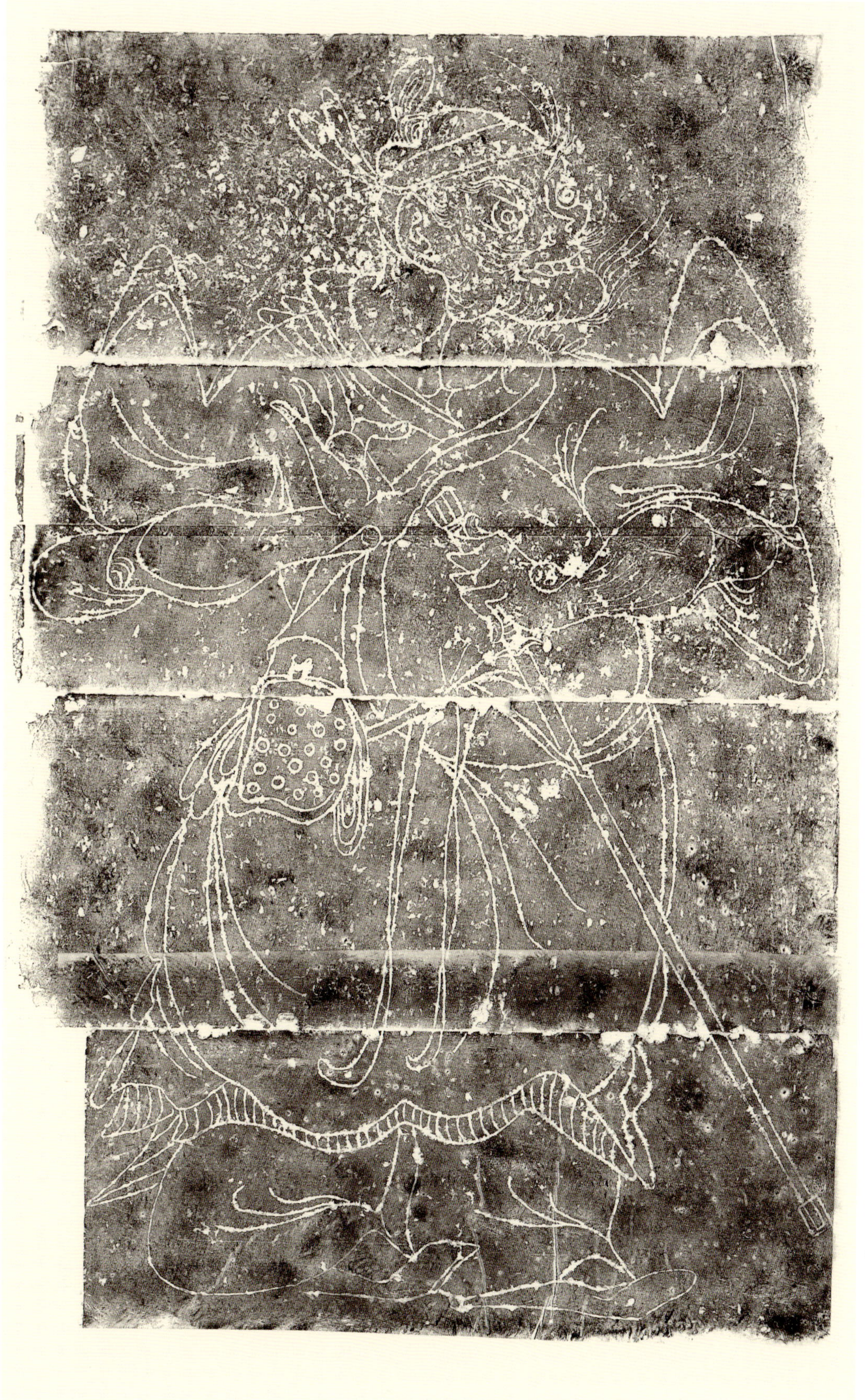

190

東漢晚期

安徽亳州曹氏家族墓墓門石刻拓本之五 神龍

寬158厘米　高15.5厘米

原墓今保存。

神龍的右方有一肩生雙翼的羽人。

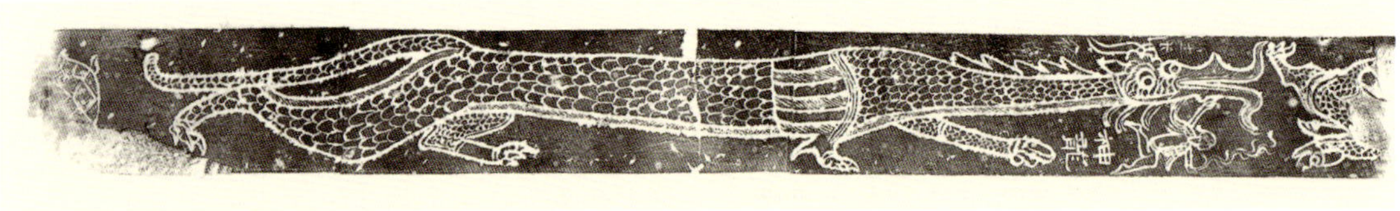

191

東漢晚期

安徽亳州曹氏家族墓墓門石刻拓本之六

白虎

寬153厘米　高17厘米

原墓今保存。

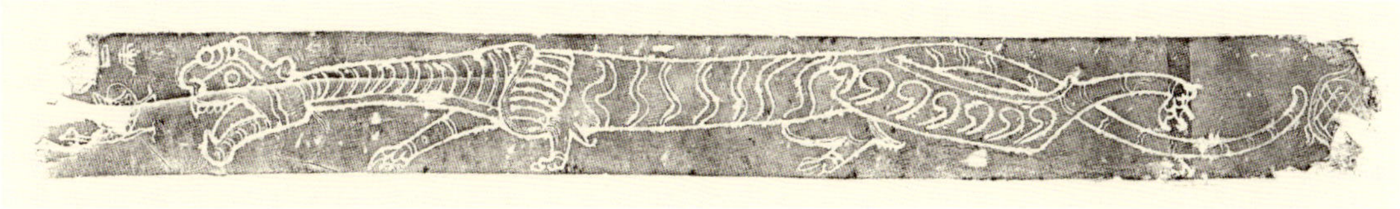

192

東漢晚期

安徽亳州曹氏家族墓墓門石刻拓本之七

仙人飼鹿圖

寬198厘米　高52厘米

原墓今保存。

石刻呈横幅，左方是一張牙舞爪奔跑的神獸。正中一羽人正持芝草喂一身上有斑、頭上帶角的神鹿，神鹿卧在地上，右後方圍着九只或坐或跳躍奔跑的小鹿，一小鹿扭頭回望身後拿着芝草的羽人。

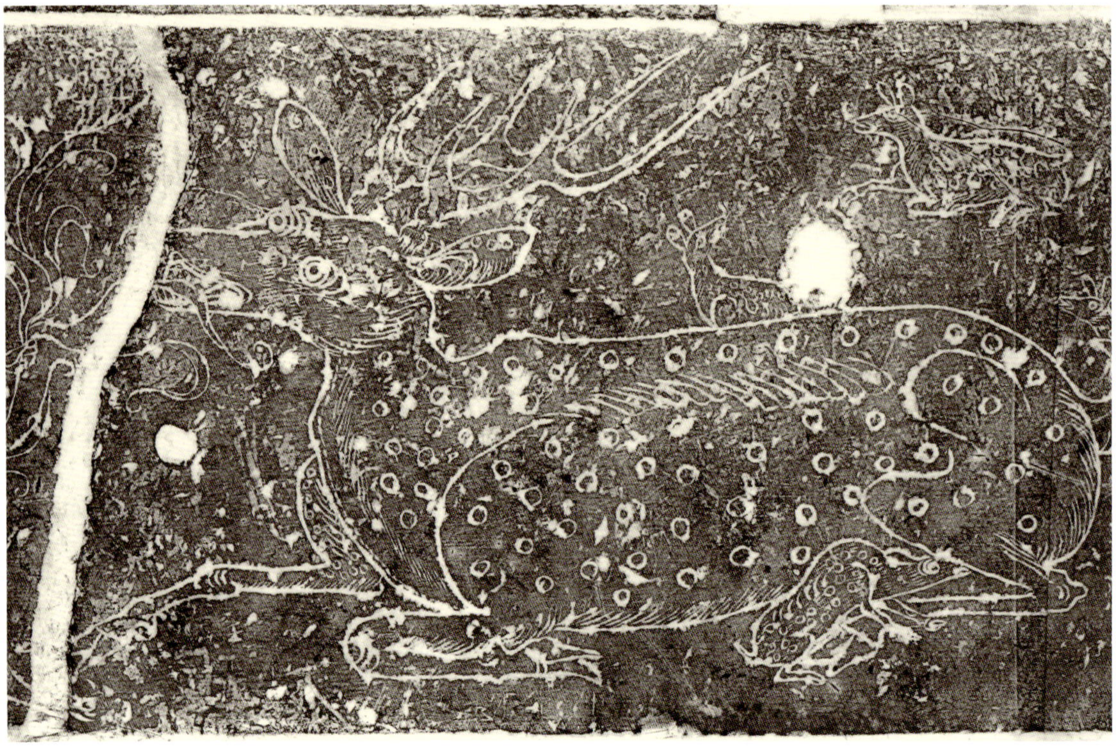

193

東漢晚期

安徽亳州曹氏家族墓墓門石刻拓本之八

雙鳳圖

寬175厘米　高45厘米

原墓今保存。

雙鳳相向而立，中間有一株芝草。鳳凰昂首振翅邁步，雕刻精細，富動態之美。

194

東漢 永平元年 （五八）

畫像石 車馬出行圖

寬182厘米 高60厘米 厚20厘米

江蘇徐州出土。

畫像石畫面爲二軺車，前一伍伯開道，前方一樹木。伍伯是漢代爲官吏出行開道護衛的力役。正面的右方刻有銘文：『永平元年十二月丙申□□公幽玄無穹縈石□江枯金潛槍攜命石湖顔羽刃賓雲其與淩乎龍宮嬌王鳳楊隨民庶位緒絆同赦能之邦士遂未滄遜浪響。』

畫像石中有銘文者較少，此石刻有『永平元年』字樣，永平爲東漢明帝劉莊年號。

195

東漢　永平十五年（七二）

畫像石　門吏執戟圖

寬34厘米　高90厘米　厚11厘米

下方一門吏持戟護衛，上方飛鳥啄魚。畫像石正面右方銘曰：『永平十五年丙申朔文□人冢申時有四子也。』

196

東漢　永熹元年（一四五）

畫像石　賓主對飲圖

寬43厘米　高75厘米　厚8厘米

下方闕旁主人迎賓，上方賓主對飲叙談。畫像石右側面刻有『漢安四年十月八日己寅冬烋刊烈石德其樹碑慕尚澤若迢飛遷天或山姿在躍□峻哲高□南禮縉境紳恩交□京會帛□優名□裔游七去撫經重□伺道悠方碩九萬嗣年上歲此碑法寶書慶單仲乃弟阮求之晉□君令』長篇銘文。

漢安是東漢順帝劉保的第四個年號。漢朝使用這個年號時間共計三年。『四年』是邊遠不知改元誤記。漢安三年四月改元建康元年。下一年改元永熹。又『己寅』當是『乙酉』之誤。

197

東漢　光和三年（一八〇）

畫像石　侍坐宴居圖

寬47厘米　高113厘米　厚15厘米

此石分四格，最上方一格爲雙鳳交頸，第二格爲刻的銘文：『父諱字景振，北地之人，賢孝之性，重親跤歡，子孫石室安之，敬禮。光和三年六月丙辰造。』第三格爲樹木旁一人迎歸來的主人，第四格爲房屋內，主人坐几後，僕役侍立。

光和爲漢靈帝劉宏的第三個年號。光和四年，諸葛亮生；光和五年，孫權生。

198

東漢

畫像石 飲酒圖

寬43厘米 高75厘米 厚8厘米

屋内二人對飲，中間置酒樽，屋頂上爲一肩生雙翅的羽人戲二鳥。

199

東晉　隆安二年（三九八）

四靈畫像磚之玄武

寬29.5厘米　高21.5厘米　厚2.5厘米

江蘇南京出土。

四靈畫像磚之玄武，文曰：『晉隆安二年造立冢郭／顛陽山子孫安壽萬年。』

此磚與陶淵明同時，隆安二年，陶淵明正當壯盛之年。

200

東晉 隆安二年（三九八）

四靈畫像磚之青龍

寬29.5厘米 高21.5厘米 厚2.5厘米

江蘇南京出土。

201

六朝

畫像磚　伎樂

寬41厘米　高21.5厘米　厚3.5厘米

圖中爲二『天人』（後通稱『飛天』）。中心下端有『天人』兩字。

202

六朝

畫像磚　貴婦出游

寬41厘米　高21.5厘米　厚3.5厘米

203

六朝

畫像磚　甲馬

寬41厘米　高21.5厘米　厚3.5厘米

204

六朝

畫像磚 奔牛

寬41厘米 高21.5厘米 厚3.5厘米

205

六朝

畫像磚　牛車

寬41厘米　高21.5厘米　厚3.5厘米

206

六朝

畫像磚　鼓吹

寬41厘米　高21.5厘米　厚3.5厘米

207

六朝

畫像磚　鼓吹

寬41厘米　高21.5厘米　厚3.5厘米

208

六朝

畫像磚　天馬

寬41厘米　高21.5厘米　厚3.5厘米

209

六朝

模印磚畫拓本　羽人戲龍局部

原磚一九六八年出土於江蘇丹陽胡橋寶山南朝墓。墓在江蘇丹陽胡橋，爲南朝時期的貴族墓，出土有羽人戲龍、羽人戲虎、竹林七賢等模印磚畫。

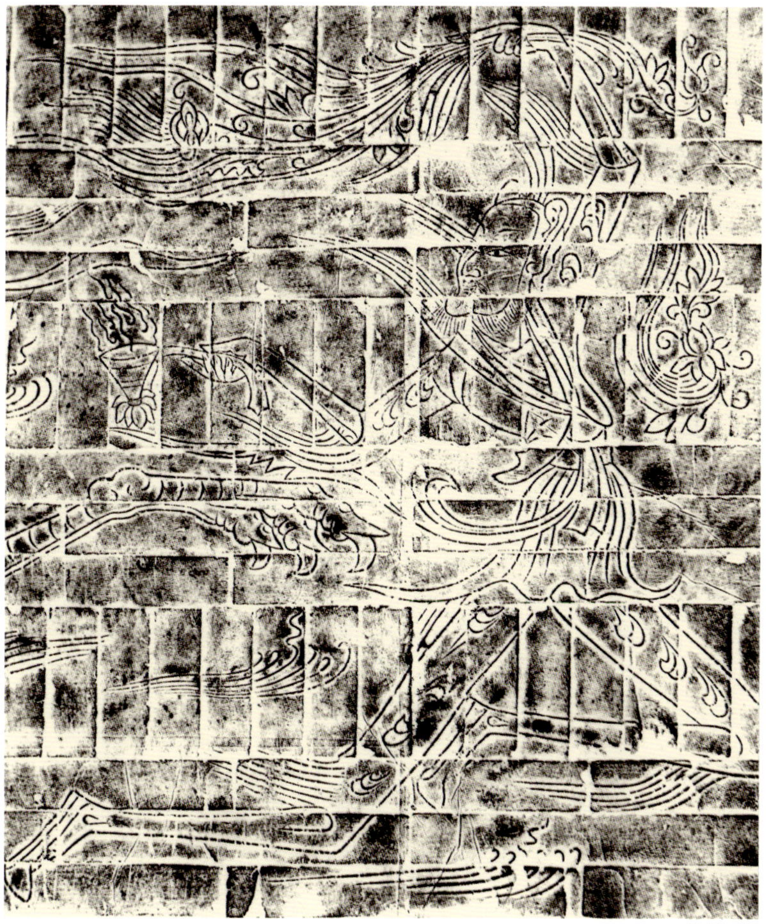

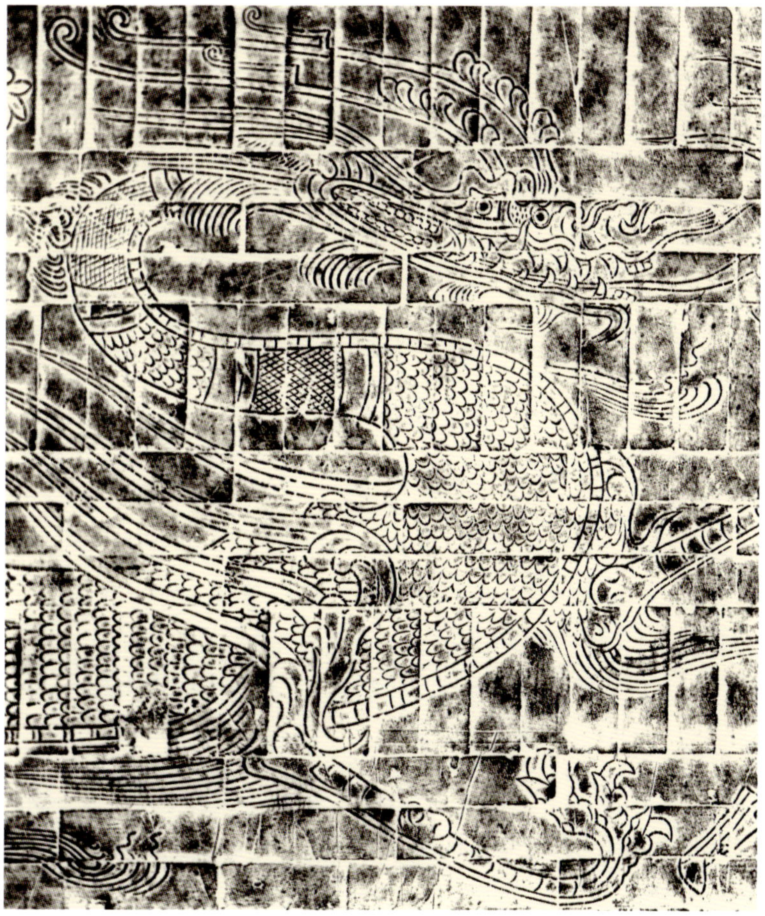

210

六朝

模印磚畫拓本　羽人戲虎局部

原磚一九六八年出土於江蘇丹陽胡橋寶山南朝墓。

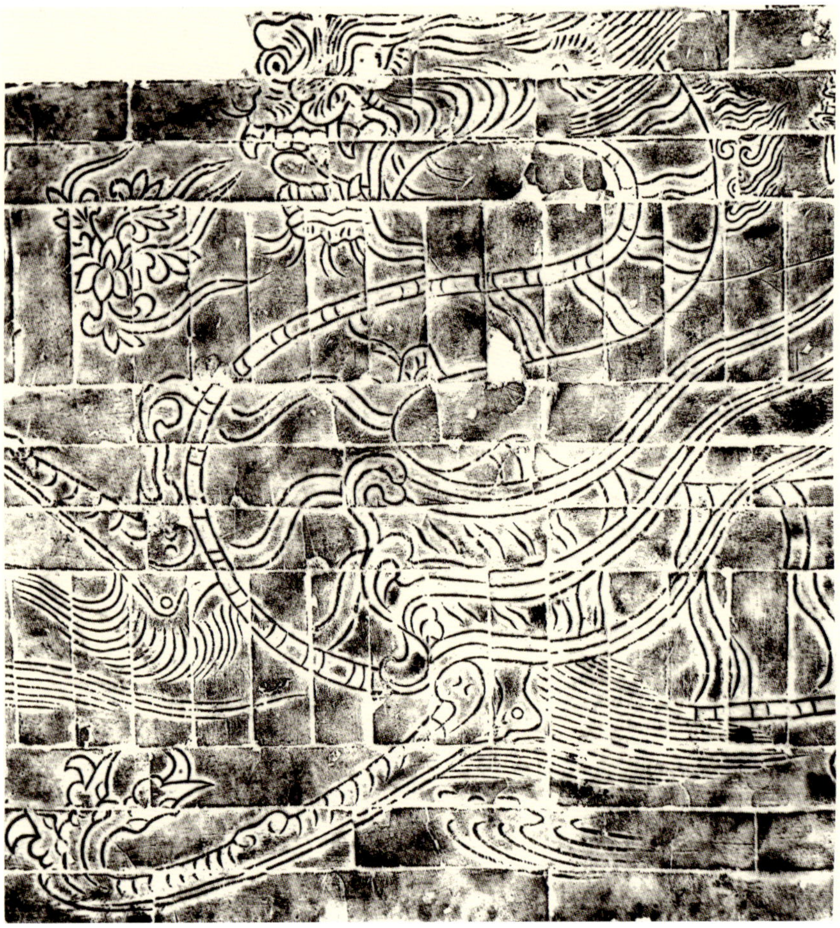

211

六朝

模印磚畫拓本　羽人戲虎

原磚一九六八年出土於金王陳南朝失名陵。

此畫的虎上方有三位天人，天人頭挽高髻，身着漢服，衣帶飄飄。左邊第一位天人肩生雙翼，第三位天人正在吹竽。

此墓位於江蘇省丹陽市建山鎮金家、王家、陳家附近，傳爲齊廢帝東昏侯蕭寶卷之陵。墓已拆毁。

模印磚畫拓本　羽人戲虎局部
三天人之一　吹竽天人

漢唐石刻銅簡拓本

212

東漢　建初二年（七十七）

約束石券拓本

寬83厘米　高138厘米

原石一九七七年河南偃師出土。

拓本承張頷先生贈送。建初是東漢章帝劉炟的第一個年號。

拓片下方有張頷先生題記及釋文：

張頷先生題記

一九七七年河南偃師縣出土。據洛陽地區文物隊黃士賓同志云：因辭義未明，故未發表。一九八零年十月，余由成都經洛陽入潁川時，黃士賓同志持贈此拓本并囑釋義。

張頷記于庚申之歲

『東漢建初二年約束石券』釋文：

建初二年正月十五日侍廷里父老僤祭尊/于季主疏左巨等廿五人共爲約束石券里治中/迺于永平十五年六月造起僤斂錢共（有）六萬/一千五百買田八十二畝僤中其有訾次/當給爲里父老者共以客田借與得收田/上毛物穀（實）自給即訾下不中還田/轉與當爲父老者傳后子孫以爲常/其有物故得傳後代户者一人即僤/中皆訾下不中父老季臣等共假賃/田也如約束單侯單子揚尹伯通錡中都周平周蘭/□□周偉于中山于中程于季于孝卿于程于伯生于孝/左巨（單）于稚錡初卿于中女于王思錡季卿尹大孫于伯和尹中功

頷再誌

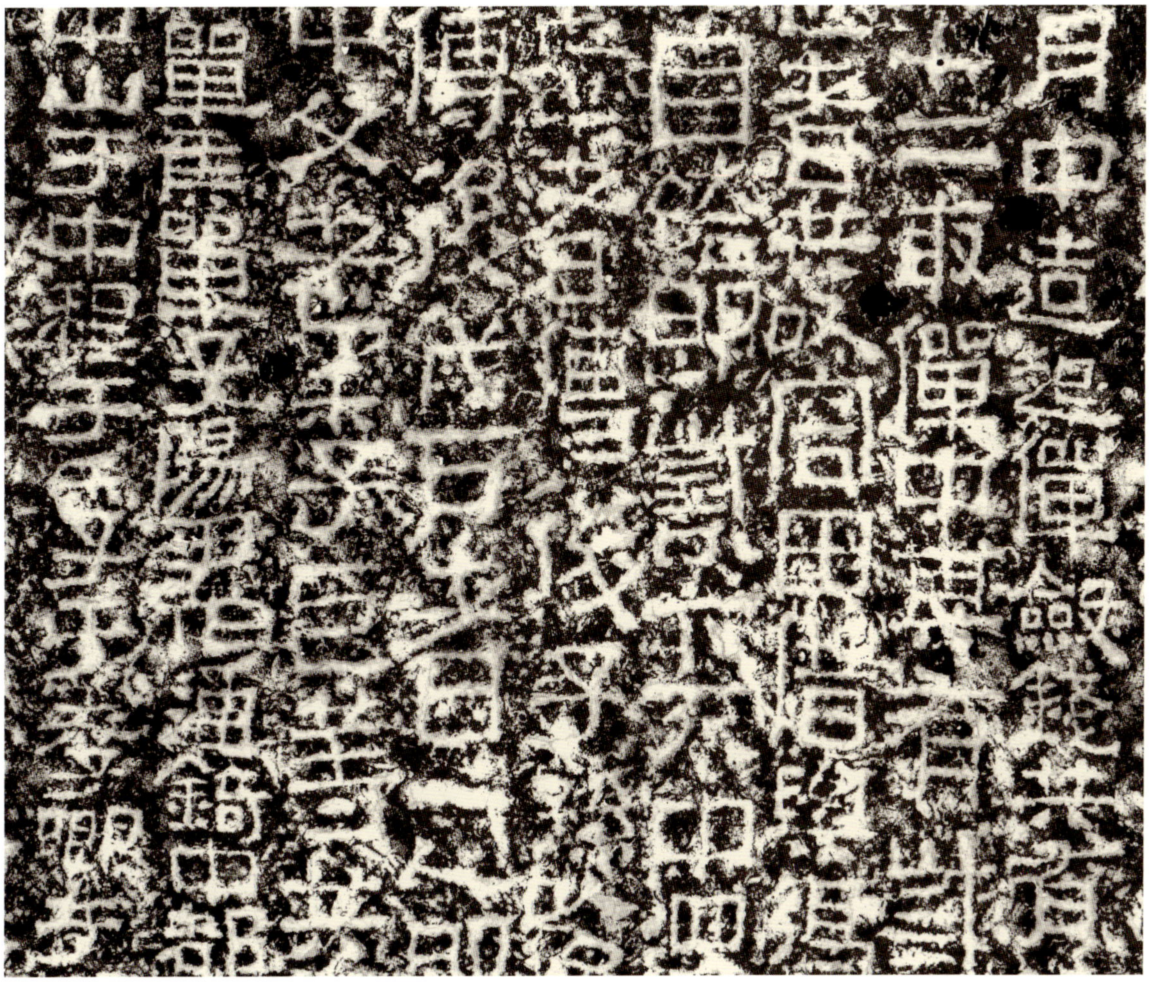

約束石券拓本局部

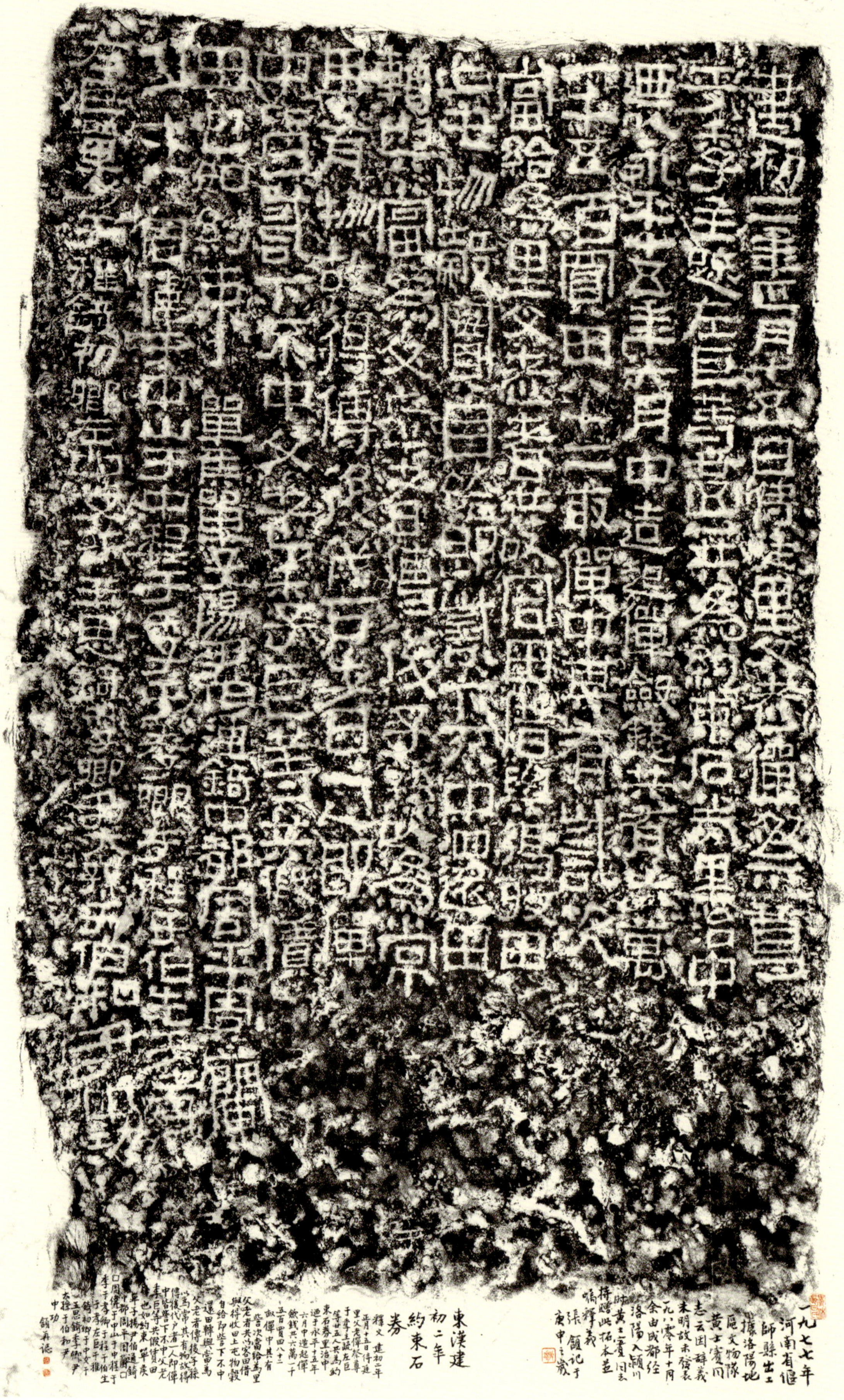
一九七七年河南省偃師縣出土
據洛陽地區文物隊黃士斌同志云因辟義未明故未發表
一九八零年十月余由成都经洛陽入潁川
時黄士斌同志持贈此拓本並囑釋義
張頷記于庚申之歲
東漢建初二年約束石券
釋文
建初二年正月十五日侍廷里父老僤祭尊于季主疏左巨等廿五人共為約東石券里治中
迺以永平十五年六月中造起僤斂錢共六萬一千五百買田八十二畝
僤中其有訾次當給為里父老者共以客田借與得收田上毛物穀實自給
即訾下不中還田轉與當為父老者傳後子孫以為常
其有物故得傳後代户者一人即僤中皆訾下不中父老季巨等共假賃田它如約束
單侯 單子陽 尹伯通 錡中都 周平 周蘭 □□ 周偉 于中山 于中程 于季 于孝卿 于程 于伯先 于孝 左巨 單力 于稚 錡初卿 左中文 于思 錡季卿 尹太孫 于伯和 尹中功
頷再記

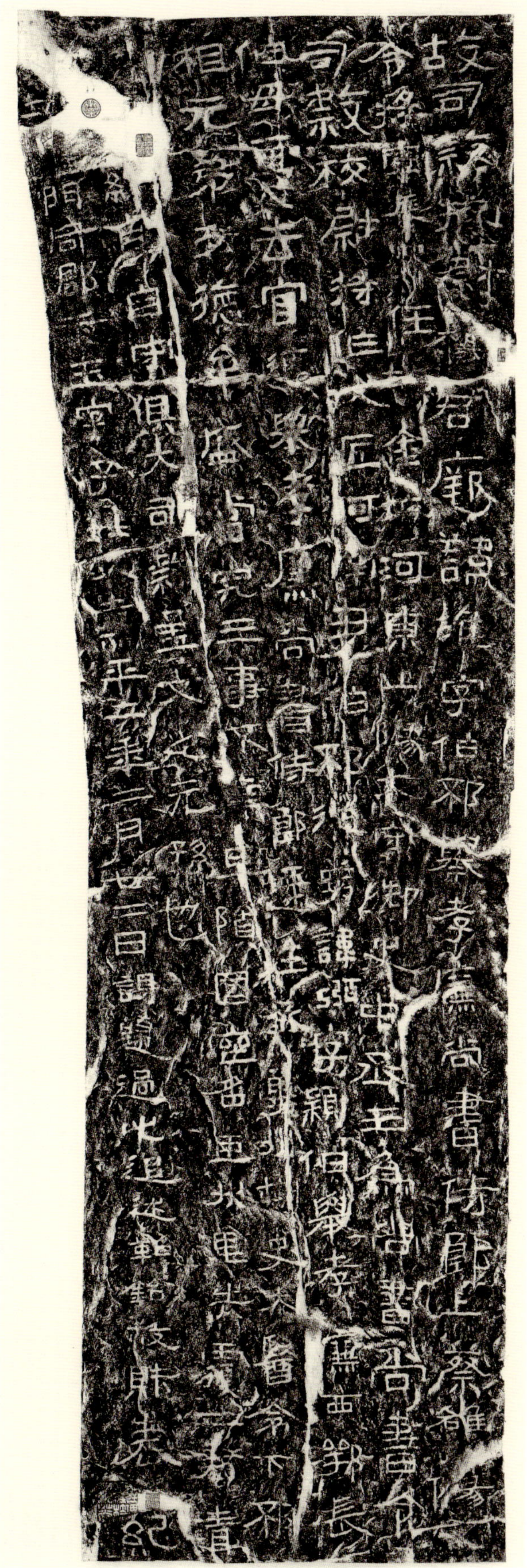

213

東漢　熹平二年（一七三）

司隸校尉楊淮表摩崖拓本

寬64厘米　高195厘米

全稱『司隸校尉楊淮表記』。東漢隸書摩崖刻石。熹平二年刻於褒斜道（陝西漢中褒谷）之石門西壁，一九七一年因修水庫，遂鑿下移至漢中市博物館。《金石萃編》載：『石高八尺三寸，寬二尺二寸，字共七行，每行二十五至二十六字不等。此刻內容記述司隸校尉楊弼兄弟生平事迹。傳世拓本以「黃」「卞玉」等字未損者爲佳。』

釋文：

故司隸校尉楊君，厥諱淮，字伯邳。舉孝廉，尚書侍郎，上蔡、雒陽令，將軍長史，任城、金城、河東、山陽太守，御史中丞，三爲尚書，尚書令，司隸校尉，將作大匠，河南尹。伯邳從弟諱弼，字穎伯，舉孝廉，西鄂長。（丁）伯母憂，去官。復舉孝廉，尚書侍郎，遷左丞，冀州刺史，大醫令，下邳相。元弟功德牟盛，當究三事，不幸早隕，國喪名臣，州里失覆。二君清廉，約身自守，俱大司隸孟文之元孫也。黃門同郡卞玉，字子珪，以熹平二年二月廿二日謁歸過此，追述勒銘，故財表紀。

按：末行『黃』字存上半，『卞玉』二字全。

214

大周任史君屏盗之碑拓本

五代　後周顯德二年（九五五）

寬155厘米　高516厘米

原碑二〇〇二年山東巨野出土。

全稱『大周推誠奉義翊戴功臣特進檢校太保使持節濟州諸軍事行濟州刺史兼御史大夫上柱國西河郡開國公食邑二千三百户任公屏盗碑』。

原位於巨野縣城北關護城河外路西，五代後周顯德二年立。由於歷代黄河水患淤積，該碑大部分被淹没於地下，暴露地面約八十厘米。二〇〇二年，屏盗碑發掘出土，移立於永豐塔之陽，并修建了碑亭。

碑文，朝議郎行左拾遺充集賢殿修撰李昉奉敕撰，翰林待詔朝議大夫行司農丞張先振奉敕書。

屏盗碑爲高浮雕螭首，額間篆書『大周任史君屏盗之碑』，爲軍事判官朝議郎試大理司直兼殿中侍御史張穆篆。碑文爲行書。

撰文者李昉，字明遠，深州饒陽人，五代後漢乾祐間進士。至後周，世宗賞愛其才，累官左拾遺，集賢殿修撰，屯田郎中，翰林學士等職。而後入宋，加中書舍人，知貢舉，受詔同修《太祖實録》，後拜工部尚書，右僕射中書侍郎平章事侍職。有文集五十卷，并主編《太平御覽》、《太平廣記》、《文苑英華》等巨著。書者張先振，其傳略不見記載。

碑文：

大周任史君屏盗之碑

大周推誠奉義翊戴功臣特進檢校太保使持節濟州諸軍事行濟州刺史兼御史大夫上柱國西河郡開國公食邑二千三百户任公屏盗

碑銘并序

朝議郎行左拾遺充集賢殿修撰臣李昉奉敕撰

翰林待詔朝議大夫行司農丞臣張先振奉敕書

降婁魯之分，濟河惟兖州。大野既荒，西狩獲麟之地。崇山作鎮，東溟見日之峰。郡國已來，土賦稱大；舊制非便，必惟其新。蓋民衆吏少，則奸易生；治稱任平，則時克乂。/皇朝建濟州于鉅野縣，猶魏室分厥次爲樂陵郡耶。我太祖聖神恭肅文武孝皇帝，發天機，張地紀，皇建丕祚，帝于萬邦。不枉政以厚民生，不尅法以重民命。以爲分是理，須是條，施之一方而用寧，通之四海而不泥者，其惟良二千石乎？故所/選牧守，咸用賢能。得人者昌，於斯爲盛。/今皇帝嗣守洪業，光揚聖謨。率勤儉爲天下先，惟幾微成天下務。所謂皇王綱統之道明矣，邦國紀律之務成矣。而研核精鍊，日不暇給，以戒弛墮之患。所謂視聽聰明之德充矣，内/外上下之情通矣。而啓迪開納，國無留事，以防壅塞之弊。凡軍國機要，刑政樞務，事無巨細，必詳於聽覽。凡公侯卿士，牧伯長吏，任無輕重，必考其才器。是以設爵愈重，分職愈精。人人自謂我民康，/家家自謂我土樂。

粵嗣位元年冬十月，詔以前趙州刺史任公檢校太保牧于濟。濟新造之郡也，麟州之名，其廢已久。歲月差遠，土風浸醨。民忘其歸，或肆爲梗。重以控地既大，苞荒用遐。山幽藪/深，亡命攸萃。灌莽悉伏戎之地，萑蒲爲聚盜之資。妖以人興，嘯召或成於風雨。法由貪弊，羈縻遂至於逋逃。良田有蟊，實害嘉穀。雖夫年號豐稔，時無札瘥。滯穗餘糧，栖偃于千畝。京倉坻庾，阜衍于/九年。猶或脅游惰之夫，釋耒秬之用，鈎鋤弦木，竊弄於鄉閭之間，矧饑洊之歲乎？至乃野無戰血，天藏殺機。犨甲雕戈，戢鋒鋋於武庫。庸租井賦，緩澂督於鄉胥。尚或誘輕生之民，聚無賴之族，巢梟/穴狡，竊發於晦暝之中，矧兵革之際乎？民既病而疇思其治，醫雖良而藥或未工。蓋用有所長，才難求備。文吏束名教之檢，則必曰導之以德。盜用侮而益暴，法家持剛猛之斷，則必曰齊之以刑，盜/用駭而彌逸。自非文武兼資之用，英雄斷制之才，莅是任而居是邦者，厥惟艱哉。公天授將才，生知理本。以戰則勝，玄機出應變之先。以化則孚，心術洞希微之表。抗一麾而戾止，撫萬室以瞻言。/以爲川壅污潢，利源泒而當宜濬畝。田荒蔗蓤，樹嘉苗而必極芟夷。於是令以先庚，申之後甲。介馬負先馳之勇，陰門提夜出之兵。獵叢社以平妖，盡誅其類。狩平林而得猶，悉伏其辜。狂童震驚，四/野竦駭。狼心盡革，民患皆除。乃峻以堤防，斂其陷阱。決獄盡疏其留滯，窮源用滌其瑕疵。分命鄉民，設其警候。伏乙夜以蒐慝，扼衝途而伺奸。盜跡之來，若罹罿畢。申命降寇，招其叛徒。恩信署用，以/結其心。慴伏羈留，以杜其變。盜意之改，若愈膏肓。非夫術以變通，奸由惠照。太阿所擊，制洪鐘而不留。玉弩載張，應靈機而自發。其孰能如此耶？

甚矣哉！除盜之難，其來有素。中古澆醨之後，群心變/詐之興。縱燎夷荒，或敗蕭蘭之秀。尋柯伐蠹，因傷杞梓之材。唯賢者之用心，則是非而無混。故公嫉盜之意切，而誅盜之令嚴。去盜之術行，而屏盜之譽顯。夫盜既去矣，民將息矣，然後綏之以約/束，寬之以法令，養之以惠愛，勸之以禮讓，化之無或戾，信之無或欺，則冀黃之風，彼亦奚尚。是以黃髮鮐背之叟，農工商賈之類，含哺而嬉，既舞且咏。以爲康莊播頌，雖昭盛德之容，琬琰裁碑，宜耀/披文之質。郡將官吏，唱言僉同，乃詣闕上陳，願塞群望。帝用嘉許，綸言式敷。詔左拾遺李昉，俾文其事，以述濟民之請。微臣不才，孤奉明旨，揣闔秘思，懼遺休聲，稽實課虛，斯謂/無愧。而太史氏紀功臣之績云。公名漢權，蜀國人也。以武略事纍朝，以戰功登貴仕。亟握兵要，連分使符。初牧于丹，有排亂折衝之績。移治于趙，有安邊鎮靜之功。所至皆有能名，而濟之人/獨能宣其事業，以示不朽，亦可謂賢矣。系曰：事有諸于謠俗，傳于耆舊者，千載之下，尚爲美談。刻文之以銘，而勒之於石乎？他日知使君之政者，其將質於此。故其詞云：

道失其要，刑淫而暴。人心用違，良民爲盜。令嚴而申，政肅而淳。人心用依，盜爲良民。民即盜也，盜亦民也。善惡之化，實由乎人。猗歟使君，克善其治。/始以嚴誅，去其奸宄。申以約束，靜其鄉里。里無惰農，鄉無狡童。曾未逾月，澄清四封。

相彼林矣，豈無豺虎。暴心不生，與麟爲伍。循彼陔兮，亦有荆棘。惡蔓既除，與蘭同色。使君之賢，如山如淵。濟民之頌，聲聞于天。刻石播美，垂千萬年。

軍事判官朝議郎試大理司直兼殿中侍御史張穆篆額

顯德二年歲次乙卯閏九月一日丙申朔建

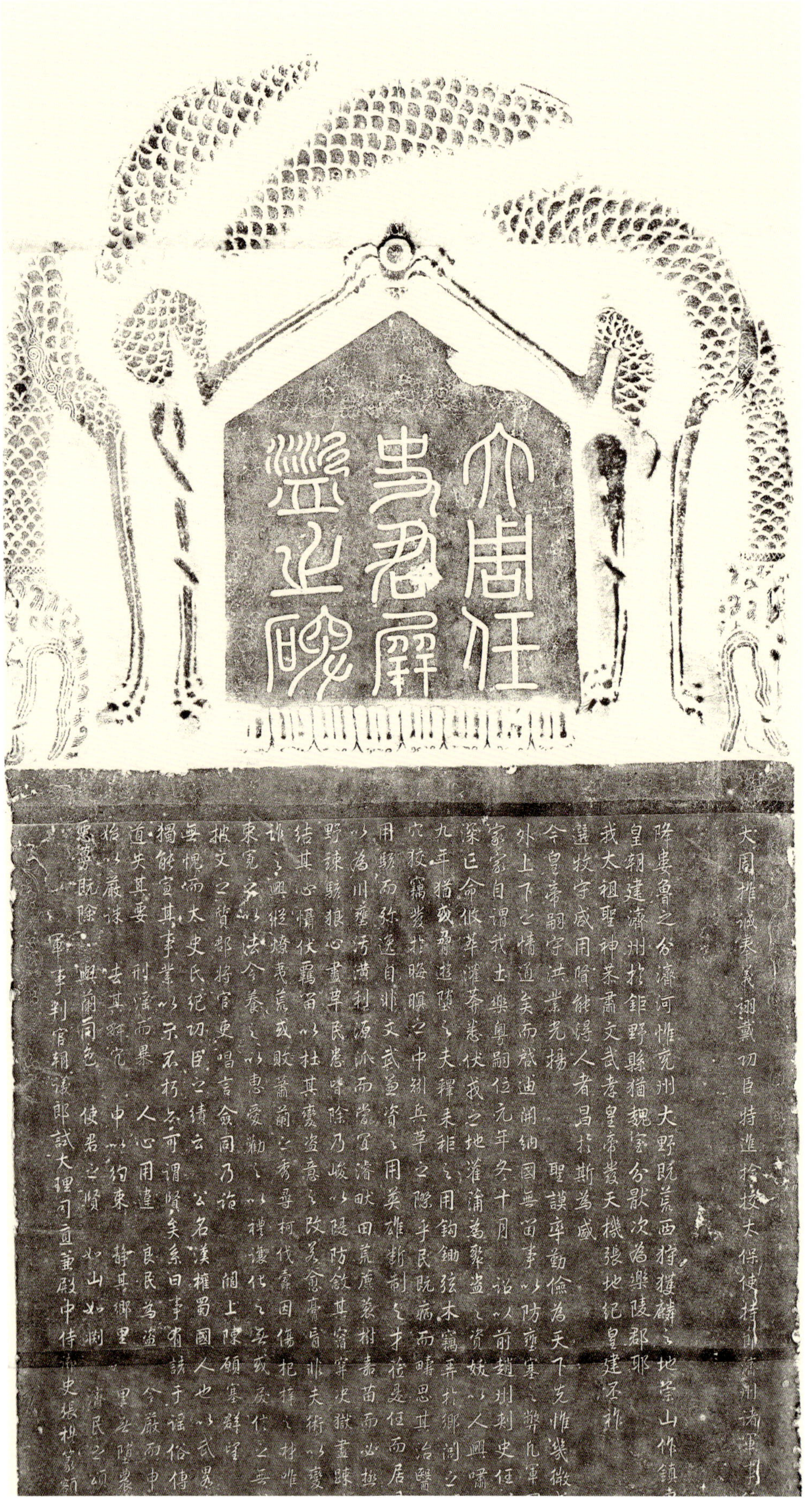

215

宋　至和三年（一〇五六）

宋仁宗題額褒賢之碑拓本

碑寬141厘米　高408厘米

原碑位於河南洛陽城東南十五公里處伊川縣彭婆鄉許營村萬安山南側范仲淹墓前。

又稱『范仲淹神道碑』，全稱『資政殿學士户部侍郎文正范公神道碑銘』。碑文記載了范仲淹一生的事跡。唐宋八大家之一的歐陽修撰文，宋仁宗題額，翰林學士王洙書。

按：王洙（九九七至一〇五七），字原叔，應天宋城（今河南商丘）人。《宋史》本傳謂其『少聰悟博學，記問過人』。又謂其『泛覽傳記，至圖緯、方技、陰陽、五行、算數、音律、詁訓、篆隸之學，無所不通』。曾參與修定《集韵》、《祖宗故事》、《三朝經武聖略》、《鄉兵制度》，著有《易傳》十卷、雜文千餘篇。平生仕履，舉進士，爲府學教授，擢史館檢討，爲天章閣侍講，又專讀『寶訓要言』於邇英閣，累遷至翰林學士。范仲淹很賞識王洙之『學問經術』，頗爲推重。北宋文壇領袖歐陽修，謂『源叔好古博學，知名今世』，師事之，王洙殁後，歐陽修撰墓誌銘，稱王洙『無所不學，學必通達，如其專家』，『所與交游，皆當世賢豪』。王洙還是著名的中醫經典古籍——東漢張仲景《金匱要略》的發現者，由於王洙的發現，《金匱要略》得以整理問世并流傳下去。

范仲淹於皇祐四年（一〇五二）五月逝於徐州，同年十二月，葬於河南洛陽伊川萬安山下。《范文正公神道碑銘》是歐陽修守喪期間含泪寫就的。全文二千四百餘字，詳細撰述了范仲淹『詔天下興學取士，先德行，不專文辭；革磨勘例遷，以别能否；减任子之數，而除濫官；用農桑考課守宰等事』，評價極高。通篇人情練達，文

至和三年二月 日建
翰林學士尚書吏部郎中知制誥

字簡美，體現了歐陽修『明道致用』的文風和他對范仲淹深切的懷念之情。此碑於范仲淹死後四年——至和三年刻成，至和爲宋仁宗趙禎的年號。

碑文：

褒賢之碑

觀文殿學士光禄大夫行禮部尚書知河南府兼西京留守事畿內勸農使上柱國臣王舉正題

宋推誠保德功臣、資政殿學士、金紫光禄大夫、尚書户部侍郎、護軍、汝南郡開國公、食邑二千三百户、食實封陸伯户、贈兵部尚書、謚文正公范公神道碑銘并序

皇祐四年五月甲子，資政殿學士、尚書户部侍郎、汝南文正公薨于徐州，以其年十有二月壬申，葬于河南伊樊里之萬安山下。公諱仲淹，字希文。五代之際，世家蘇州，事吴越。太宗皇/帝時，吴越獻其地，公之皇考從錢俶朝京師，后爲武寧軍掌書記以卒。公生二歲而孤。母夫人貧無依，再適長山朱氏。既長，知其世家，感泣去之南都。入學舍，掃壹室，晝夜講誦，其起居飲食，/人所不堪，而公自刻益苦。居五年，大通六經之旨，爲文章論説必本於仁義。祥符八年舉進士，禮部選第壹，遂中乙科，爲廣德司理參軍，始歸迎其母以養。及公既貴，天子贈公曾祖蘇/州糧料判官諱夢齡爲太保，祖秘書監諱贊時爲大傅，考諱墉爲太師，妣謝氏爲吴國夫人。公少有大節，其於富貴、貧賤、毀譽、歡戚，不一動其心，而慨然有志於天下。常自誦曰：『士當先天下/之憂而憂，後天下之樂而樂也。』其事上遇人，壹以自信，不擇利害爲趨捨。其所有爲，必盡其方（《歐陽修全集》爲『力』），曰：『爲之自我者當如是，其成與否，有不在我者，雖聖賢不能必，吾豈苟哉！』天聖中，晏丞相薦公/文學，以大理寺丞爲秘閣校理。以言事忤章獻太后旨，通判河中府、陳州。久之，上記其忠，召拜右司諫。當太后臨朝聽政時，以至日大會前殿，上將率百官爲壽。有司以具，公上疏/言：『天子無北面，且開後世弱人主以强母后之漸。』其事遂已。又上書請還政，天子不報。及太后崩，言事者希旨，多求太后時事，欲深治之。公獨以謂太后受託先帝，保佑聖躬，始終/十年，未見過失，宜掩其小故以全其大德。初，太后有遺命，立楊太妃代爲太后。公諫曰：『太后，母號也，自古無代立者。』由是罷其册命。是歲，大旱蝗，奉使安撫東南。使還，會郭皇后廢，率諫官、御史伏閤爭，不能得，貶知睦州。又徙蘇州。歲餘，即拜禮部員外郎、天章閣待制。召還，益論時政闕失，而大臣權倖多忌惡之。居數月，以公知開封府。開封素號難治，公治有聲，事日益簡，暇則益取/古今治亂安危爲上開説。又爲《百官圖》以獻，曰：『任人各以其材而百職修，堯、舜之治不過此也。』因指其遷進遲速次序曰：『如此而可以爲公，可以爲私，亦不可以不察。』由是吕丞相怒，至/交論上前，公求對，辯語切，坐落職，知饒州。徙潤州，又徙越州。而趙元昊反河西。乃以公爲陝西經略安撫副使，遷龍圖閣直學士。是時，新失大將，延州危。公請自守鄜延扞賊，乃知延州。/元昊遣人遺書以求和，公以謂無事請和，難信，且書有僭號，不可以聞，乃自爲書，告以逆順成敗之説，甚辯。坐擅復書，奪壹官，知耀州。未逾月，徙知慶州。既而四路置帥，以公爲環慶路經略/安撫、招討使、兵馬都部署，累遷諫議大夫、樞密直學士。公爲將，務持重，不急近功小利。於延州築清澗城，墾營田，復承平、永平廢寨，孰（熟）羌歸業者數萬户。于慶州城大順以據要害，奪賊地而/耕之。又城細腰、胡蘆，於是明珠、滅臧等大族，皆去賊爲中國用。自邊制久隳，至兵與將常不相識。公始分延州兵爲六將，訓練齊整，諸路皆用以爲法。公之所在，賊不敢

犯。人或疑公見敵應/變爲如何。至其城大順也，一旦引兵出，諸將不知所向，軍至柔遠，始號令告其地處，使往築城。至於版築之用，大小畢具，而軍中初不知。賊以騎三萬來争，公戒諸將：戰而賊走，追勿過河。已/而賊果走，追者不渡，而河外果有伏。賊既失計，乃引去。於是諸將皆服公爲不可及。公待將吏，必使畏法而愛己。所得賜賚，皆以上意分賜諸將，使自爲謝。諸蕃質子，縱其出入，無壹人逃者。蕃酋來見，召之卧内，屏人徹衛，與語不疑。公居三歲，士勇邊實，恩信大洽。乃決策謀取横山，復靈武，而元昊數遣使稱臣請和，上亦召公歸矣。初，西人籍爲鄉兵者十數萬，既而黥/以爲軍，唯公所部，但刺其手。公去兵罷，獨得復爲民。其於兩路，既得孰（熟）羌爲用，使以守邊，因徙屯兵就食内地，而紓西人饋輓之勞。其所設施，去而人德之，與守其法不敢變者，至今尤多。慶/曆三年春，召爲樞密副使。五讓不許，乃就道。既至數月，以爲參知政事，每進見，必以太平責之。公歎曰：『上之用我者至矣，然事有先後，而革弊於久安，非朝夕可也。』既而上再賜手/詔，趣使條天下事，又開天章閣，召見賜坐，授以紙筆，使疏于前。公惶恐避席，始退而條列時所宜先者十數事上之。其詔天下興學，取士先德行不專文辭；革磨勘例遷以别能否，减任子之/數而除濫官，用農桑、考課、守宰等事，方施行，而磨勘、任子之法，僥倖之人皆不便，因相與騰口。而嫉公者亦幸外有言，喜爲之佐佑。會邊奏有警，公即請行，乃以公爲河東、陜西宣撫使。至則/上書願復守邊，即拜資政殿學士、知邠州，兼陜西四路安撫使。其知政事，纔壹歲而罷。有司悉奏罷公前所施行而復其故。言者遂以危事中之，賴上察其忠，不聽。是時，夏人已稱臣，公因以/疾請鄧州。守鄧三歲，求知杭州。又徙青州。公益病，又求知潁州。肩舁至徐，遂不起，享年六十有四。方公之病，上賜藥存問。既薨，

輟朝壹日。以其遺表無所請，使就問其家所欲，贈以兵/部尚書，所以哀恤之甚厚。公爲人外和内剛，樂善泛愛。喪其母時尚貧，終身非賓客食不重肉。臨財好施，意豁如也。及退而視其私，妻子僅給衣食。其爲政，所至民多立祠畫像。其行己臨事，/自搢紳處士、里閭田野之人，外至夷狄，莫不知其名字，而樂道其事者甚衆。及其世次、官爵，誌于墓、譜于家、藏于有司者，皆不論著，著其繫天下國家之大者，亦公之志也歟。銘曰：

范於吴越，世實陪臣。俶納山川，及其士民。范始來北，中間幾息。公奮自躬，與時偕逢。事有罪功，言有違從。豈公必能，天子用公。其難其勞，一其初終。夏童跳邊，乘吏怠安。帝命公往，問彼驕頑。其不聽順，鋤其穴根。公居三年，怯勇隳完。兒憐獸擾，卒俾來臣。夏人在廷，其事方議。帝趣公來，以就予治。公拜稽首，兹維難哉。初匪其難，其在終之。群言營營，卒壞于成。匪惡/其成，惟公是傾。不傾不危，天子之明。存有顯榮，殁有贈謚。藏其子孫，寵及後世。惟百有位，可勸無怠。

至和三年二月　日建　翰林學士、尚書吏部郎中、知制誥、充史館修撰歐陽修文

翰林學士兼侍講、尚書吏部郎中、知制誥、充史館修撰王洙書

按：原碑字漫漶不清者據《歐陽修全集》（中華書局2001年版）補，字外加□表示，又《歐陽修全集》的《資政殿學士户部侍郎文正范公神道碑銘》一文之文字略多於此拓本，多出之文字未作增補。

216

唐 開元二十六年

唐玄宗入道銅簡拓本

拓本寬21厘米 高50厘米

原件藏貴州省博物館。

劉銓福題贈葉潤臣（一八一一至一八五九）。上有劉銓福題跋、葉潤臣詠銅簡長詩。劉銓福字子重，大興（今屬北京市）人。官刑部主事。清代大收藏家，曾收藏『甲戌本』《紅樓夢》。孫詩樵説他『嗜金石，善畫梅蘭』。葉名澧，字潤臣，號瀚源，湖北漢陽人。清史有傳，道光十七年舉人，官内閣侍讀，後改浙江候補道。是著名的學者、藏書家。

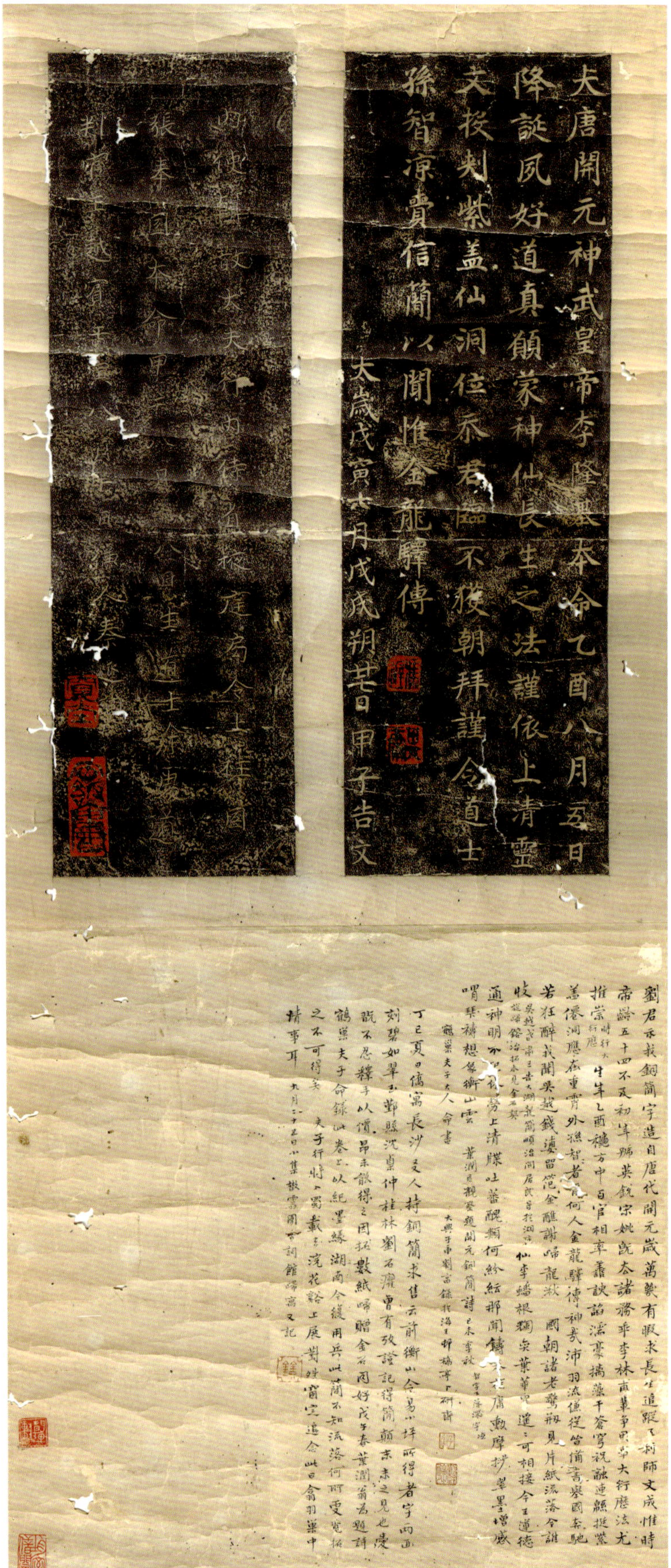

附　唐玄宗入道考

——開元二十六年唐玄宗入道銅簡考釋

二十世紀六十年代初，我得到一件唐開元年間李隆基入道籙求長生的銅簡拓本，上有劉銓福的長跋和葉潤臣的長詩。當時我只注意劉銓福的跋文，因爲他是《石頭記》早期抄本『甲戌本』的收藏者。對銅簡上説唐玄宗入道教的事，我以爲是民間傳説，未加注意。近來，忽然想到此事，故將銅簡上的文字以及劉銓福的跋文、葉潤臣的長詩略加梳理，以請教於專家。

現在先將銅簡的文字、劉銓福的跋和葉潤臣的長詩抄録下來，然後再逐項略作疏解。

銅簡文字

大唐開元神武皇帝李隆基，本命乙酉，八月五日降誕。夙好道真，願蒙神仙長生之法，謹依上清靈文，投刺紫蓋仙洞。位忝君臨，不獲朝拜，謹令道士孫智涼，賫信簡以聞。惟金龍驛傳。

太歲戊寅六月戊戌朔廿七日甲子告文

銅簡背面有三行劃刻的文字，與正文寫體雙刀刻法不同。文字説：

內使朝散大夫行內侍省掖庭局令上柱囯（國）張奉囯（國），本命甲午八月十八日生，道士涂處道、判官王越賓，壬寅八月十日傔人秦延恩

以上是關於這個銅簡上的文字的全部實録。下面再録劉銓福的跋文。

劉銓福跋

丁巳夏日僑寓長沙，友人持銅簡求售，云：前衡山令易小坪所得者。字兩畫刻（即雙刀刻），碧如翠玉，鄞縣沈粟仲、桂林劉石癯曾有考證，記得簡顛末，未之見也。愛玩不忍釋手，以價昂未能得之。因拓數紙歸，贈金石同好。戊子春，葉潤翁爲題詩，鶴巢夫子命録此卷上，以紀墨緣。湖南今復用兵，此簡不知流落何所，更覓拓之不可得矣。夫子行將入蜀，載去浣花溪上，展對晴窗，定追念此日翁羽巢中情事耳。

九月二十五日小集散雪園香詞館歸寓又記 銓

葉潤臣詠銅簡長詩

劉君示我銅簡字，造自唐代開元歲。萬幾有暇求長生，追踪五利師文成。惟時帝齡五十四。不及初年號英鋭。宋姚既去諸務乖，李林甫輩争用事。大衍曆法尤推崇，時行大衍曆。生年乙酉秋方中。百官相率善諛諂，濡毫摛藻干蒼穹。祝融連綿挺紫蓋，仙洞應在重霄外。孫智涼者爾何人，金龍驛傳神哉沛。羽流傔從皆備書，舉國奔馳若狂醉。我聞吴越錢婆留，范金醮謝歸龍湫。國朝諸老驚覩見，片紙流落今誰收。吴越錢肅王告大湖龍簡，順治間居民得於湖底，旋歸鎔冶，拓本見《金石契》。仙李蟠根輝奕葉，華胄遥遥可相接。今王遵德通神明，不記休勞上清牒。吐蕃丑類何紛紜，那聞鑄券□庸勳。摩挲翠墨增感喟，拜禱想象衡山雲。

葉潤臣觀察題開元銅簡詩，己未季秋

鶴巢夫子大人命書，大興子重劉福録于海王村橋亭卜硯齋

以上是葉潤臣咏銅簡的長詩。

現在就依次疏釋以上三段文字。先説銅簡及其銘文。古代帝王，爲了求告天地，通於神靈，常常用祭告天地，投銅簡於高山之巔或深

淵之底，以期溝通於天地。玄宗的這件銅簡，是爲自己受道籙、求長生而投的。以往只知道玄宗篤信道教，與許多道士有來往，但還不知道他自身就曾受道籙，有過投簡拜受道籙的事實。所以這件銅簡，就是唐玄宗參加道教，取得道教徒身份的明證。這件銅簡以往多有人研究過，〔一〕故本文只略釋簡文及劉氏題跋所及，其餘從簡。

簡文説『李隆基本命乙酉，八月五日降誕』，證之史實，李隆基確是生於『垂拱元年八月戊寅』〔二〕。戊寅即初五。唐玄宗自己也多次説過：『朕生於仲秋，厥日惟五。』〔三〕後來就將八月五日定爲『千秋節』。通過這些史實，可證銅簡記玄宗生日是準確的，與史實一致。從而也證明了銅簡是真實可信的。

簡文又説：李隆基『夙好道真，願蒙神仙長生之法』。按李隆基崇信道教，這是歷史事實，有大量的史料可以證明，如開元二十二年（七三四）召張果入宮，問神仙方藥之事，『玄宗方信之』。〔四〕開元二十四年（七三六）於宮中設壽星壇，祭老人星，以求長生。開元二十九年（七四一）稱夢見老子，『告我以無疆之體』，『表我以非常之慶』。〔五〕還遣人於終南樓觀山取老子像迎回興慶宮，玄宗作《玄元皇帝臨降制》頒示天下，并繪老子像分送全國開元觀供奉，〔六〕天寶元年（七四二），有人説見到玄元皇帝，要他以『天下太平，聖壽無疆』之言告訴玄宗，又説『桃林縣故關令尹尹喜宅傍有靈寶符』，〔七〕玄宗遣使求得之，遂改桃林縣爲靈寶縣，作《靈符銘》刻石，并大赦天下等等，這些都是史實。〔八〕簡文還説：『謹依上清靈文，投刺紫盖仙洞。位忝君臨，不獲朝拜，謹令道士孫智凉賫信簡以聞。惟金龍驛傳。』這段文字説明他對道教的入道儀式是尊重而實行了的，只不過因爲『位忝君臨』，不能親去朝拜，所以命『道士孫智凉賫信簡以聞。惟金龍驛傳』。也就是説他身爲皇帝，不能親來履行儀式，特派道士孫智凉來代行儀式，希望得到金龍驛傳，以通於天地。《舊唐書·禮儀志四》説：『玄宗御極多年，尚長生輕舉之術，於大同殿立真仙之像，每中夜夙興，焚香頂禮，天下名山令道士、中官合煉醮祭，相繼於路，投龍奠玉，造精舍，採藥餌，真訣仙蹤，滋於歲月。』這段話，概括了玄宗崇道的事實，其中『投龍奠玉』一句，正是説到了開元二十六年（七三八）玄宗投放入道銅簡的事。因爲按道教的儀式，投放銅

【注釋】

〔一〕此簡的早期著録，見《八瓊室金石補正》卷五六，《石刻史料新編》第一編第七册，新文豐出版有限公司，一九七七年，四九〇四至四九〇五頁。清楚的照片，見Liu Yang, "Images for the Temple: Imperial Patronage in the Development of Tang Daoist Art", *Artibus Asiae*, Vol.61: 2, 2001, pp.216, Fig.13-14.王育成《考古所見道教簡牘考述》也收有小幅照片，《考古學報》二〇〇三年第四期，五〇五頁。香港中文大學道教文化研究中心等編《書齋與道場：道教文物》，二〇〇八年，八二至八三頁，亦收録了李潤桓教授收藏的一幅清末拓本，但没有題跋。

〔二〕《舊唐書》卷八《玄宗本紀》上，中華書局，一九七五年，一六五頁。

〔三〕《册府元龜》卷二《帝王部·誕聖》，中華書局，一九八二年，二一頁；《全唐文》卷二三玄宗《千秋節宴群臣制》，中華書局，一九八三年，二七三頁。

〔四〕《舊唐書》卷一九一《方伎·張果傳》五一〇六頁。

〔五〕《唐大詔令集》卷一一三《玄元皇帝臨降制》，商務印書館，一九五六年，五八九頁。

〔六〕同上注。

〔七〕《舊唐書》卷二四《禮儀志》四，九二六頁。

〔八〕以上各條均參見任繼愈《中國道教史》，上海人民出版社，一九九〇年，謹謝。

簡，同時還要投放一個金龍於高山之巔或深淵之底。金龍的作用就是傳送銅簡給天地，如人間的驛使，故稱『金龍驛傳』。由此可見，唐玄宗確是履行了入道的儀式的。據此，可證唐玄宗確是具有道教徒的身份的。

玄宗入道的年月，按簡文所載，是『太歲戊寅七月戊戌朔廿七日甲子告文』。也即是開元二十六年七月戊戌朔（七月初一），此時玄宗五十四歲。

我曾以爲玄宗的入道，是與楊玉環有關，事實却非是。楊玉環是開元二十三年（七三五）被册爲壽王妃的。時年十七歲。她這時與玄宗尚無瓜葛，且武惠妃也還在世。武惠妃死於開元二十五年（七三七）。到五年以後的開元二十八年十月，玄宗纔第一次召壽王妃入温泉宫，這已是武惠妃死後的第四年了。而玄宗入道是在開元二十六年，是武惠妃死後的第二年，兩年後方召壽王妃入温泉宫。所以玄宗入道，除簡文上明確説的『願蒙神仙長生之法』以外，實際上與楊玉環還没有什麽關係。到開元二十八年（七四〇）十月召壽王妃入温泉宫後，過了兩個多月，即開元二十九年正月二日，壽王妃就被度爲女道士了。但這與前面玄宗的入道也并無因果關係，楊玉環成爲女道士，只不過是玄宗爲達到自己目的的一個藉口而已。所以三年後天寶四年（七四五），女道士楊太真便被正式立爲貴妃了。這時楊玉環二十七歲，唐玄宗六十一歲。由此可見，玄宗開元二十六年入道，并非爲了楊玉環，事實上玄宗要得到楊玉環，要將她立爲貴妃，也并不需要自己入道。下面我將楊玉環自册立爲壽王妃、立爲貴妃直到馬嵬坡貴妃之死的時間順序作一簡要的排列，就很容易看清楚事情發展的脉絡了。

開元二十三年（七三五），乙亥。册立楊玉環爲壽王妃。時楊玉環十七歲。

開元二十四年（七三六），丙子。玄宗於宫中設壽星壇，求長生。

開元二十五年（七三七），丁丑。武惠妃卒。

開元二十六年（七三八），戊寅。玄宗投銅簡求入道，求長生。

開元二十八年（七四〇）。庚辰。十月，初次召壽王妃入驪山温泉宫，壽王妃在温泉宫十八天。楊玉環二十二歲。

開元二十九年（七四一），辛巳。正月二日，度壽王妃爲女道士，號太真。楊玉環隨即以女道士身份從玄宗再至温泉宫，共八天。十月丙申，第三次到驪山温泉宫，至十一月辛酉，共二十六天。

天寶元年（七四二），壬午。十月丁酉至十一月己巳，楊玉環隨玄宗第四次到驪山温泉宫，共三十三天。

天寶二年（七四三），癸未，十月戊寅至十一月乙卯，楊玉環隨玄宗第五次至驪山，共三十八天。

天寶三年（七四四），甲申。正月辛丑至二月庚午，楊玉環隨玄宗第六次到驪山温泉宫，共三十天。十月癸巳至十一月丁卯，第七次到驪山温泉宫，共三十五天。

天寶四載（七四五），乙酉。八月初六，立楊玉環爲貴妃，楊玉環二十七歲。

天寶十五載（七五六），丙申，六月十四日，貴妃被縊于馬嵬坡，時年三十八歲。七月肅宗立，改元至德。〔一〕

從這個時間表來看，玄宗的入道和貴妃的入宫，兩件事的脉絡，就各自分明了。

楊玉環從温泉宫被召見到立爲貴妃，首尾共六年。從立爲貴妃到天寶十五年（至德元年）六月十四日馬嵬坡事變，楊玉環死，首尾共

【注釋】

〔一〕以上均參見許道勛、趙克堯著《唐明皇與楊貴妃》，人民出版社，一九九〇年，謹謝。

十二年。楊貴妃與唐玄宗實際相處的時間首尾共十七年（從開元二十八年温泉宫首次召見算起）。

雖然玄宗的入道不是爲了楊玉環，但玄宗入道事對唐代道教的興盛是有影響的，何況事實上道教最興盛的時代是唐代，而唐代道教最興盛的時代是開元之世。

銅簡上提到的道士孫智凉，是從江南來到長安肅明觀的高道，除了南嶽投龍之外，他還在撫州的華蓋山、吉州的玉笥山進行了投龍活動〔一〕。至於銅簡背面提到的張奉國和王越賓，都是宦官。張奉國是在開元二十年奉詔前往廬山置立九天使者廟的中使〔二〕，而王越賓則在稍後的天寶九載（七五〇），作爲置廟使，奉詔前往潛山置立司命真君廟〔三〕。另外，簡背面提到的涂處道當爲隨侍孫智凉身邊的道士，『傔人秦延恩』則是爲他們提供日常服務的侍從人員。

以上是關於簡文的一點疏解。

劉銓福的跋文有幾點值得注意：一是銅簡發現的時間。劉跋説：『丁巳夏日，僑寓長沙，友人持銅簡求售。』『丁巳』是清咸豐七年（一八五七），下距英法聯軍火燒圓明園三年。這個時間，不是銅簡出土的時間，而是劉銓福見到銅簡并留下拓本的時間。銅簡出土的時間，劉銓福説此簡是『衡山令易小坪所得』，『鄞縣沈栗仲、桂林劉石臒曾有考證，記得簡顛末』。查《衡山縣志》，道光二十三年至二十七年，縣令是易學超，那麽易學超的字可能叫『小坪』，古人習慣：一般對人不稱名而稱字，依時間推斷，易學超當即是易小坪。據此，此簡出土的時間，當可限定在道光二十三年到二十七年之間，距離劉銓福見到此簡并作拓本的時間，最多不過十多年，所以這件劉銓福跋玄宗入道拓本當是最初拓本。至爲可貴。

二、據我所知，此簡於抗戰前，曾在南京古物保存所，後因抗戰文物西遷，此簡到了貴州，後爲貴州省博物館所收藏。我的這件銅簡拓本，比貴州省博物館收藏銅簡的時間，要早出八十年（一八五七至一九三七）。如果不見這個拓本和劉銓福的跋文，人們就容易忽略這段銅簡的早期史實了。

至於葉潤臣的長詩，有兩點可説，一是玄宗的生年月日。長詩説『惟時帝齡五十四』，又説『生年乙酉秋方中』，可見他是完全認同銅簡上記玄宗的生年月日的，這當然原本就是正史的記載。這一點，再次説明了這個銅簡的可信性。二是長詩説：順治年間於湖底（按：當是西湖）撈出吴越王錢鏐告大湖龍簡，後被鎔毁。而玄宗銅簡未遭鎔毁，且入博物館收藏，存此一段世所未知的秘史，真是萬幸！

二〇一一年七月六日，寬堂八十又九病中屬草

二〇一三年十二月二十日改定於瓜飯樓

【注釋】

〔一〕參看雷聞《盛唐長安肅明觀考論》，黄正建主編《隋唐遼宋金元史論叢》第二輯，上海古籍出版社二〇一二年版，一六四至一七八頁。

〔二〕參看雷聞《五嶽真君祠與唐代國家祭祀》，榮新江主編《唐代宗教信仰與社會》，上海辭書出版社二〇〇三年版，四二頁。

〔三〕參看雷聞《唐代潛山的信仰世界——以石刻材料爲中心》，《敦煌學》第二七輯，臺北：樂學書局二〇〇八年版，二二三至二三八頁。

217

唐　元和九年（八一四）

《大秦景教宣元至本經》拓本

拓本寬112厘米　高81厘米

二〇〇六年洛陽出土。

附《大秦景教宣元至本經》全經的現世及其他〔一〕

引言

二〇〇六年七月初，洛陽豫深文博城出現了一件唐元和九年十二月的《大秦景教宣元至本經》經幢，據了解，這是前不久在洛陽李樓鄉城角村東北出土的。經幢底部已殘損，但大部完好，殘存經幢最高部分八十一公分，最短部分五十九公分，八棱，周圍一百一十二公分。殘存部分字迹清晰，字口生辣，未經捶拓，存經文十九行，《經幢記》二十一行，左上端有大和三年遷舉題記二行。經文前有『祝曰』二行。計存經文四百三十一字，《經幢記》三百四十八字，題記十六字，祝詞十四字，共計存字八百零九字。

按天津大藏書家李盛鐸原藏有《志玄安樂經》和《大秦景教宣元本經》二件，傳爲敦煌藏經洞出土的寫本，爲景教的珍稀經典，至爲珍貴。一九一九年七月，王國維曾經説『李氏諸書，誠爲千載秘笈，聞之神往！……景教經二種不識但説教理，抑兼有事實，此誠世界寶籍，不能以書籍論矣。』這裏所説的景教經二種，就是指李盛鐸所藏的《志玄安樂經》和《宣元本經》。一九三五年八月，陳垣在給胡適的信裏，也説：『李氏藏有世界僅存之景教《宣元本經》。』〔二〕可見兩位學界巨擘，對李氏所藏景教經典是何等重

【注釋】

〔一〕發表於《中國宗教》二〇〇七年第十一期。

視。今洛陽經幢再現《大秦景教宣元至本經》，即使把它看作是藏經洞遺珍的再現也不爲過。二十世紀四十年代，日本小島靖氏得到《大秦景教大聖通真歸法贊》和《大秦景教宣元至本經》兩件寫本，傳爲李氏舊藏。前者於一九四五年九月從天津撤退時丢失，後者（《宣元至本經》）則被帶到日本。由於敦煌出土文書中關於景教的文獻極爲稀少，更由於小島所得的這兩件文書的來歷不明，所以學界對被稱爲『小島文書』的《大秦景教大聖通真歸法贊》和《宣元至本經》的真實性頗置懷疑。也就是説傳到日本去而被稱爲『小島文書』的《宣元至本經》（《通真歸法贊》一件已失，故不及）是否真是李盛鐸原藏的《宣元本經》，抑或是贋品？對此榮新江教授和林悟殊教授合著的《所謂李氏舊藏敦煌景教文獻二種辨僞》一文有精到的分析。〔二〕二〇〇〇年六月，在北京舉行敦煌藏經洞發現一百周年國際學術研討會上，日本學者落合俊典博士披露了一九三八年到一九四〇年間，日本企業家西尾新平在羽田氏的幫助下，購得了李盛鐸舊藏四百三十二件敦煌經卷，林悟殊教授認爲，『《宣元本經》當是其中之一』〔三〕。這無疑是説，李盛鐸舊藏敦煌出土《大秦景教宣元本經》原件是在西尾新平處。若果真如此（尚未驗證），那末，小島靖氏所藏的《大秦景教宣元至本經》自然是另一件寫經，何况經題也不同，甚或是件贋品了。我從榮新江教授的《鳴沙集》和林悟殊教授的《唐代景教再研究》兩書所附的照片來看，完全像是不同的兩件寫品，首先李盛鐸舊藏本連題共二十六行，《大秦景教宣元本經》題目在右邊第一行，『大秦景教』四字下有『木齋真賞』一印，右下端有三個印章：『李盛鐸印』（白文），『李滂』（白文小印），『兩晋六朝隋唐五代妙墨之軒』（朱文），題目上端也有一章，照片上只存下半部，當爲『敦煌石室秘笈』。〔四〕而小島所藏題目爲《大秦景教宣元至本經》，比李盛鐸舊藏本題目上多一『至』字。此題目在左邊第三行，前兩行是題記『開元五年十月廿六日法徒張駒傳寫於沙州大秦寺』。題記是自右至左順讀。全文連題二十八行，加題記共三十行。右下端無印章。《宣元本經》最末一行是『虧，不盈、不濁、不清、保住真空，常存不易』。《宣元至本經》照片不清晰，但末句是『外真雖涉而無事也』，其右邊起首更漫漶不清，不易辨認。但僅憑以上諸端的直觀來看，這兩件文書，根本不是一回事。也有研究者認爲此兩件實爲一件寫經的兩截，這一解釋，也有疑問。對比兩者的照片，小島文書的字體和李氏藏本完全不同，兩者每行文字的字數不一樣，小島文書仿佛經體例，一般是十七字，李氏藏卷則爲十八、十九字，可以肯定不是一件，前人因爲没有辦法看到兩者的原件，所以致誤。本文主旨在於介紹洛陽新出土的《大秦景教宣元至本經》經幢所刻經文，以補李盛鐸藏本的殘缺，關於小島文書本與李盛鐸舊藏本之間的差異，當於下文作進一步的辨析。

李藏《宣元本經》與洛陽經幢《宣元至本經》的合校

以下我即將洛陽新出土的《大秦景教宣元至本經》經幢上的經文及題記，全録於下，并以李盛鐸舊藏《大秦景教宣元本經》對校，凡字下有黑綫者，爲敦煌寫本的文字，餘則都是經幢上的刻文。李盛鐸本我只能依仗榮新江、林悟殊兩教授刊布的照片和林悟殊教授的釋文，先此敬表謝忱。

【注釋】

〔一〕以上兩處均轉引自榮新江《鳴沙集》。

〔二〕見榮新江《鳴沙集》，臺灣新文豐出版公司一九九九年版。林悟殊《唐代景教再研究》，中國社會科學出版社二〇〇三年版。

〔三〕見林悟殊《唐代景教再研究》，二〇〇三年北京社會科學出版社出版。

〔四〕參見榮新江《鳴沙集》。

洛陽新出土《大秦景教宣元至本經》經幢所刻經文與李藏《宣元本經》合校及經幢題記録文

祝曰

清浄阿羅訶　清浄大威力　清浄（下殘）

大秦景教宣元至本經

時景通法王，在大秦國那薩羅城，和明宮寶法雲座，將與二見，了決真源。/應樂咸通，七方雲集。有諸明淨士，一切神天等妙法王，無量覺衆，及三百六十五種異見中民。〔一〕如是族類，無邊無極，自嗟空昧（昧字殘半字）/久失真源，罄集明宫，普心至仰。時景通法王，端嚴進念，上觀空皇，親承印旨（經幢缺此句），告諸衆曰：善來法衆，至至無來。今可（李本作『柯』）通常，啓生滅死，各圓（李本作『圖』）/其分，静諦我衆。如了無元，礙當隨散。即宣玄化，匠帝真常旨：（經幢此處空三字）無元，無言（經幢『言』字泐大半），無道，無緣，妙有，非有，湛寂常（李本無『常』字）然。吾聞（李本作曰，按即因字）太阿羅訶（經幢『訶』字殘半），/開無開異，生無心浼，藏化自然渾元。發無發，無性，無動，靈虛空置（李本作『買』），因緣機軸。自然著爲象本，因緣配爲感乘。剖判参羅，三生七位，浼/諸名數，無力任持；各使相成，教了返元真體。夫爲匠無作，以爲應旨，順成不待而變，合無成有，破有成無，諸所造化，靡不依（依泐半字）/由，故號玄化匠帝無覺空皇。隱現生靈，感之善應：異哉靈嗣，虔仰造化，迷本匠王，未曉阿羅訶，功無所衒，施無所仁，包浩（李本作『洁』）察（察字泐半）/微，育衆如一。觀諸浼有若之一塵，況是一塵亦非塵。恙（李本無『恙』字）見非見，悉見見故，無界非聽，悉聽聽故；無界無力，盡持力故。無界無（經幢本缺『無』字）嚮，無/像無法，所觀無界無邊，獨唯自在；善治無方，鎮位無際；妙制周臨，物象咸揩（李本作『楷』）。唯靈惑（李本作『或』）異，積昧亡途。是故，以善（李本作『若』）教之，以平治之，/以慈救之。夫知改者，罪無不舍。是謂匠帝能成衆化，不自化成，是化終遷。唯匠帝不虧，不盈、不濁、不清、保任（李本作『住』）真空，常存不易。/（李藏敦煌寫本至此止，合校亦至此止。以下全爲洛陽出土經幢上石刻經文，經幢下端殘損文字已無可補，餘文亦難句讀，故即以原文實録）彌施訶應大慶原靈故慧圓悟之空有不空無於空不滯/（下殘）盧訶那體究竟真凝常樂生命是知匠帝爲無境逐不圡（『法』字殘下半，以下殘）數曉人大晤了皆成益味（？）民滯識是見將違蓋靈本渾（下殘）且容焉了已終亡焉聽爲主故通靈伏識不遂識遷圡（『法』字殘下半，以下殘）下備八境聞生三常滅死八境之度長省深悔警慎（下殘）景通法王説至既已普觀衆晤於其會中詮以慧四（『四』下半殘，以下殘）諸界但有人受持讀誦信解勤行當知其人德超（下殘）如海溢坳平日升暗滅各證太寂曉自在常喜滌（下殘）

以上爲兩經合校後的全文，亦爲《宣元本經》或《宣元至本經》迄今最完整的經文。

【注釋】

〔一〕李盛鐸藏寫本『民』字避諱作『𡰥』，經幢本民字未避諱。

大秦景教宣元至本經幢記

夫至聖應現，利洽無方，我無元真主匠帝（下殘）海而畜衆類，日月輝照，五星運行，即（下空轉行）散有終亡者，通靈伏識，了會無遺，咸超幺（『幺』），殘下半，以下殘）海窅窅冥冥，道不名，子不語，世莫得而也，善（下殘）無始未來之境，則我匠帝阿羅訶也（下殘）有能諷持者，皆獲景福，況書寫於幢銘（下殘）承家嗣嫡，恨未展孝誠，奄違庭訓，高堂之（下殘）森沉感因，卑情蓬心，建茲幢記，鐫經刻石，用（下殘）尉亡妣安國安氏太夫人神道及亡師伯和（下殘）願景日長懸，朗朗暗府，真姓不迷即景性也。夫求（下殘）幽魂見在，支屬亦願無諸鄣難。命等松筠，長幼（下殘）次叙，立塋買地之由，所管即洛陽縣□德鄉柏仁（下殘）之始，即元和九年十二月八日于崔行本處，買保人（下殘）戚，歲時奠酹，天地志同，買南山之石，磨礱（礱）瑩澈，刻勒書經（殘半字）于陵，文翼自慚猥拙，抽毫述文，將來君子，無見哂焉。時（下殘）敕東都右羽林軍押衙陪戎校尉守左威衛汝州梁川府（下殘），中外親族題字如後。　弟景僧清素，從兄少誠，舅安少連（下殘），義叔上都左龍武軍散將兼押衙寧遠將軍守左武衛大將軍置同政員（殘半字，下殘）。大秦寺，寺主法和玄應俗姓米，威儀大德玄慶俗姓米，九階大德志通俗姓康，撿校塋及莊家人昌兒。故題記之。

以上是『經幢記』的全文。

另在經幢的第八棱（即最後一棱）的上端有題記兩行，文曰『其大和三年二月十六日壬寅遷舉大事』。與此題記并列的右邊三棱，中間一棱頂端刻十字及蔓草紋飾，左邊一棱刻天神面向十字，手持蓮花，右邊一棱刻天神面向十字，手捧寶珠。經幢開頭的四棱，前三棱頂端也是中間一棱刻十字，左右蔓草紋飾，十字下似爲蓮花，左右兩棱各有天神面向十字，雙手作前伸舉掌狀。經幢上所刻天神，已與佛教的飛天差不多少，天神手捧蓮花等，也可見受佛教的影響。

《宣元本經》與《宣元至本經》兩者的關系及洛陽經幢的年代

上面我已經把敦煌寫本《大秦景教宣元本經》與洛陽經幢上石刻的《大秦景教宣元至本經》作了合校，寫本的文字是參看榮新江教授和林悟殊教授書中的照片和林悟殊教授的釋文，經幢的文字是據友人碑刻研究專家趙君平先生提供的精拓本。寫本與石刻本雖然題目上有一字之差，石刻本多一『至』字，但正如林、榮二教授所説：『有無「至」字，意思雷同，多一字更易理解。』[一] 林悟殊教授也説：『兩者應是同一部經典抑或是二部，學者多認爲應是同一。』[二] 我將兩本合校的結果，完全證實了這點，實際上敦煌寫本與經幢本題目上雖有一字之差，經文却是完全一致：一是寫本與經幢本共有的文字完全一致，只有個别漏字和異寫，二是經幢本殘損的文字，用寫本填接，可以密合無間。這兩點，讀者只要看上面合校的文字，便可一清二楚，無須重復舉例。三是寫本有頭無尾，經幢本首尾俱全，除經幢下端殘損少有缺文外（部分缺文已爲寫本補齊），其經文末尾『景通法王説至既已普觀衆晤，於其會中，詮以慧（下殘）』『諸界但有人受持讀誦，信解勤行，當知其人德超』等文字，都是經文結尾的必有文字，所以敦煌寫本《大秦景教宣元本經》與洛陽經幢石刻《大秦景教宣元至本經》實際上是同一經文。原來殘缺的敦煌寫本，得到洛陽經幢石刻經文的校補，使這

【注釋】

〔一〕見榮新江《鳴沙集》第七十六頁。

〔二〕見林悟殊《唐代景教再研究》第一八〇頁。

部千餘年來世間未見全經的景教經典，基本上得見全貌。尚存少量殘損，也許日後更有奇遇，亦未可知。

經幢刻成的年代，據《經幢記》是元和九年（八一四）十二月八日。大和三年（八二九年）二月十六日是遷葬的時間，經幢是初葬時刻成的，所以遷葬的題記刻在第八棱末尾的上端，説明前面早已刻滿經文。至於敦煌寫本避民字諱作『巳』，而經幢本不避民字諱，那是因爲元和九年離太宗貞觀元年已有一百八十七年，所以在民間這種避諱也就淡化了。

以上是我對敦煌寫本《大秦景教宣元本經》和新出土的洛陽經幢石刻《大秦景教宣元至本經》的初步看法。至於《經幢記》所涉及的許多人名，是一個重要綫索，還未來得及進行檢索考察，只好俟之來日。

『小島文書』《大秦景教宣元至本經》的再檢討

前面已經説過，敦煌寫本《大秦景教宣元本經》與洛陽出土的經幢本《大秦景教宣元至本經》的合校，我們已獲得了《大秦景教宣元至本經》的真經全文（稍有殘損）。被稱爲『小島文書』的《大秦景教宣元至本經》如果是真經的重復，那末，它的經文自應與上述合校的經文相同，在敦煌寫本中，這種重復抄寫的經文甚多，并不稀奇。但『小島文書』的《大秦景教宣元至本經》的經文却與上述真經大相徑庭。請看『小島文書』《宣元至本經》的經文：〔一〕

□□□□□□□□□□不滅除，若受□□魔鬼道，無仇閱□□□□王，法王善用謙柔，故能攝化萬物，普救群生，降伏魔鬼。妙道能包容萬物之奧道者，虛通之妙理，群生之正性。奧，深密也，亦丙（百）靈之府也。妙道生成萬物，囊括百靈，大無不包，故爲萬物靈府也。善，人之寶，信道善人，達見真性，得善根本，復無極，能寶而貴也；不信善之徒，所不〔可〕保，保，守持也；流俗之人，耽滯物境，性情浮競，豈能守持丙（百）靈，遙叩妙明。夫美言可以市人，尊行可以加人，不信善之徒，心術澆薄，言多佞美，好爲飾辭，猶如市井，更相覓利，又不能柔弱麾謙，後身先物，方自尊高，〔亂〕行加陵於人；不信善之徒，言行如是，真於道也，不亦遠乎！神威無等，不棄愚鄙，恒布大慈，如大聖法王。人之不善，奚棄之有。奚何也言。聖道冥通，光威盡察，救物弘普，縱使群生不善，何有可棄心，明慧慈悲，復被接濟無遺也。夫信道可以驅除一切魔鬼，長生富貴，永免大江漂迷。所以貴此道者，何耶？只爲不經一日，求之則得。此言悟者目擊道，有迷〔者〕於黑（累）劫不復也。假使原始以來，生死罪譴，一得還源（原），可以頓免。有此神力，不可思議，故爲天下人間所尊也。凡舉聖以勖行人，明動不乖寂（舛），是依信之方，妙契以源，不失真照妙理，真宗不乖寂（舛），雖沙（涉）事有，而即有體定，內真雖照而無心，外真雖涉而無事也。

大秦景教宣元至本經一卷

開元五年十月廿六日，法徒張駒傳寫於沙州大秦寺

這段經文，共四百餘字，除經題外，無一句與敦煌寫本與洛陽經幢本相同。顯然與上述敦煌本和經幢本不是一回事，名同而實異。再從經文內容來看，林悟殊、榮新江教授説『內容全與景教無關，純係模擬，甚至赤裸裸地抄襲道家經典』。〔二〕日本羽田亨説該經『酷似《老子道德經》，有些句子直接抄自該經第六十二章』。〔三〕按《老

【注釋】

〔一〕此處所録經文，是轉引翁紹軍先生著《漢語景教文典詮釋》一書的釋文，謹此致謝。生活·讀書·新知三聯書店一九九六年版。

〔二〕見榮新江《鳴沙集》第九十二頁。

〔三〕見榮新江《鳴沙集》所引，第一〇一頁。

子》六十二章説：『道者萬物之奥，善人之寶，不善人之所保。』小島文書《宣元至本經》説：『善，人之寶，信道善人，達見真性，……不信善之徒，所不保。』連語句都差不多。又小島文書《宣元至本經》説：『奥，深密也，亦丙（百）靈之府也。妙道生成萬物，囊括百靈，大氣不包，故爲萬物靈府也。』這段話，實際上也是《老子》第一章『玄之又玄，衆妙之門』兩句話的演繹。再從小島文書《宣元至本經》經文的語言風格來看，敦煌寫本和洛陽經幢本的語言風格顯然與小島文書本的語言風格大不相同，前者語言奥桀難讀，後者通暢順達。據林悟殊教授的考證，認爲敦煌寫本《宣元本經》即《宣元至本經》，其撰作者爲景教徒叙利亞人景净，也即是《大秦景教流行中國碑》碑文的作者，〔一〕以一個叙利亞人用中國語言寫經文，自然會語言生拗難讀，而小島文書本語言流暢，與敦煌寫本和洛陽經幢本不可同日而語，小島文書本自然不是外國人用中國語言的撰述。特別是林、榮二教授還注意到『「小島文書」的作者，實際上對唐代景教教義不甚瞭然』。〔二〕這是鞭辟入裏的見解。

以上我只是略舉其三個主要方面，還有不少具體而關鍵性的問題，如小島文書的題記等問題，榮、林兩教授都有精到的分析，本文不必重復。所以合以上諸端來看，『小島文書』實是一件僞經。

二〇〇七年九月十四日於京東且住草堂

【注釋】

〔一〕見林悟殊《唐代景教再研究》第一八三頁。

〔二〕見榮新江《鳴沙集》第九十一頁。

如海溢拗平日昇暗滅各證太寂曉自在常喜滌
大秦景教宣元至本經幢記
夫至聖應現利洽無方我无元真主匠帝
海而畜衆類日月輝照五星運行即
散有終亡者通靈伏識了會無遺咸超
海寘寘〻道不名子不語世莫得而也善
無始未來之境則我　匠帝阿羅訶
有能諷持者皆獲景福況書寫於幢
承家嗣嫡恨未展孝誠奄違庭訓高
森沉感因卑情遂建茲幢記鐫經刻
尉　亡妣安國安氏太夫人神道及亡師
顯景日長懸朗明闇將真性不迷即景世
幽魂見在支屬亦願無諸鄣難命等松
洛叙立塋買地之由所管即洛陽縣
之始即元和九年十二月八日於崔行本
咸歲時真酹天地志同買南山之岡麼鄭
于陵文翼自惣摽挂抽毫述文將來君
[illegible]

南北朝至唐佛教造像

218

北魏

佛造像碑（殘）

殘高35厘米　寬42厘米　厚20厘米

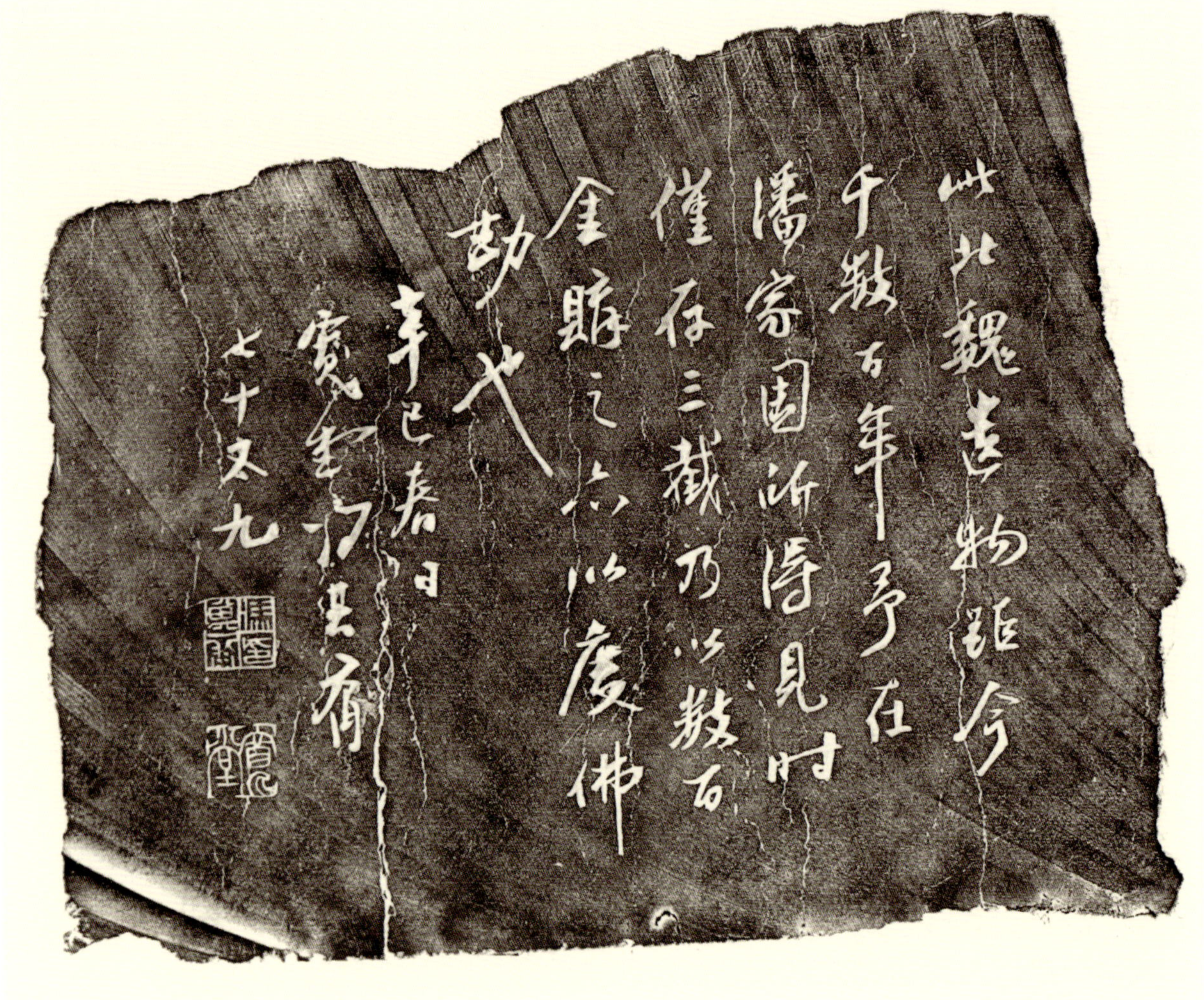

馮其庸題記拓本

佛造像碑拓本

219

佛造像碑（殘）

北魏

殘高50厘米　寬37厘米　厚16厘米

馮其庸題記拓本

佛造像碑拓本

220

北魏

佛石刻造像

高36厘米　寬24厘米　厚8厘米

221

北朝

萬佛塔磚

總高37厘米　總寬28厘米　厚14厘米

222

西魏
佛石刻造像

高118厘米　肩寬37厘米

座寬59厘米　厚34厘米

223

唐

石刻立佛造像

高150厘米　肩寬36厘米

座寬40厘米　厚24厘米

224

唐

石刻佛頭

高29厘米　寬15.5厘米

厚13.5厘米

225

唐

石刻佛頭

高8厘米　寬6厘米　厚5厘米

226

唐

鐵鑄佛頭

高37厘米　寬16厘米　厚15厘米

227

唐　開元

琉璃佛造像

高15厘米　寬6厘米　厚5厘米

開元（七一三—七四一）爲唐玄宗李隆基的年號，共計二十九年。開元年間，唐朝國力强盛，史稱開元盛世。

228

唐

石刻佛造像

高15厘米　寬23.5厘米　厚4厘米

在江蘇蘇州所得。

229

唐　天寶十一年（七五二）

石刻佛造像碑

高75厘米　寬45厘米　厚20厘米

碑陰刻有長篇銘文，曰：

大唐天寶十一載歲次壬辰九月乙巳朔八日辛亥□心
主亡／又陳崇宰在日爲亡耶孃發願造石浮圖建立□
功又爲亡父發願造菩薩七軀并皆造畢諸佛昭知。
□陳道詮　婆□□
□見亡母李七娘　□□□□□□暉妻魏□相兒
姑□□□三娘女女兒王妃　□章妻□氏□□□
□□□到奴□　留□　李守直　留蘇娘
□□朔引前恒王□參軍李昌獻
□□王□重□　施主陳□卿

天寶（七四二—七五六），是唐玄宗李隆基的年號，共計十五年。天寶與開元兩個年號可以合稱爲開天。天寶十一年後三年，即天寶十四年（七五五），安祿山反，後史思明又反，史稱『安史之亂』。此佛造像碑的頭部爲後補。

230

宋至元

炳靈寺散佚佛擦擦

高10厘米 寬8厘米 厚5厘米

擦擦，是一種模製的泥佛或泥塔，藏傳佛教僧俗製作擦擦的目的在於積攢善業功德，或置於寺廟，受到信眾的頂禮膜拜，此件即爲炳靈寺散佚的佛擦擦。

231

陶

羽人像（殘片）

高6.5厘米　寬7厘米　厚1厘米

新疆于闐古城遺址出土。

此羽人像可與斯坦因在米蘭發現的羽人壁畫對看，造形一樣，彼爲壁畫，此爲陶刻。

金銅佛像

232

北魏　普泰

金銅佛像

高23厘米　像寬4.7厘米

座寬5.8厘米　厚4.7厘米

佛像座上銘文曰：『普泰辛□五月。』

普泰（五三一年二月—十月，一作普嘉），是北魏時期節閔帝元恭的年號，歷時僅數月，故普泰的佛像極少。

233

北魏

金銅佛像

高8.5厘米　寬4.5厘米　厚1.7厘米

234

北魏

金銅佛像

高6.5厘米　寬3厘米　厚1.7厘米

235

西魏

金銅佛像

高7.5厘米　寬2厘米　厚1.3厘米

236

金銅佛像

北齊

高7.5厘米　寬2.6厘米　厚2厘米

237

北齊

金銅佛像

高10厘米　寬2.8厘米　厚2.6厘米

晋唐宋元明瓷器

238

晋 洪州窑

鷄首壺

高26厘米 腹寬23厘米

239

晋　越窑

青瓷蛙形水盂

高7厘米　腹寬12厘米

240

隋至唐初

白瓷直口碗

足徑5厘米　口徑14厘米　高9厘米

241

隋至唐初　越窑

青瓷碗

足徑6.5厘米　口徑14.8厘米

高7.5厘米

242

唐

绿彩茶盏托

足徑5.7厘米　口徑15.6厘米

高3.8厘米

243

唐

彩釉八足瓷硯

直徑21厘米　高7厘米

244

唐

绿釉印花纹罎

腹寬16厘米　高25厘米

245

唐 長沙窑

青釉褐彩三繫葡萄紋執壺

腹寬17厘米 高23.5厘米

246

唐　長沙窑

三繫荷葉紋執壺

腹寬17.5厘米　高20厘米

247

唐　長沙窑

花鳥紋執壺

腹寬15厘米　高19厘米

248

唐　長沙窑

三繫褐彩執壺（殘）

腹寬8厘米　高13厘米

249

唐至五代

影青刻花碗

足徑7厘米 口徑17厘米 高5.5厘米

250

唐至五代　洪州窑

碗

足徑4.8厘米　口徑13厘米

高8.6厘米

251

五代

白瓷碗

足徑8厘米　口徑18厘米　高6厘米

252

五代

青白瓷碗

足徑5.7厘米　口徑16厘米

高5.5厘米

253

五代

青白瓷碗

足徑6.5厘米　口徑16.5厘米

高6厘米

254

北宋

青瓷折沿碗

足徑5.7厘米　口徑15厘米　高6厘米

255

北宋

青瓷折沿碗

足徑6.5厘米　口徑15.2厘米

高6.5厘米

256

北宋

青瓷折沿碗

足徑5.2厘米　口徑15.5厘米

高6厘米

257

北宋

青瓷劃花碗

足徑5.8厘米　口徑16厘米　高5厘米

258

北宋

青白瓷高足碗

足徑4.1厘米　口徑15厘米

高6.8厘米

259

北宋　磁州窑

鐵銹花『宣紅好酒』大酒罎

高53厘米　腹寬32厘米

260

南宋

影青瓷印花粉盒

直徑11.5厘米　高6.5厘米

海南島海撈品。

261

南宋

影青瓷刻花碗

足徑5厘米　口徑16.5厘米　高7厘米

262

南宋

影青瓷刻花碟

足徑6厘米　口徑15厘米　高4.6厘米

263

芒口小碗

南宋　龍泉窑

足徑3.5厘米　口徑8.2厘米

高4.3厘米

264

南宋　嘉定十六年（一二二三）

頂蓋罐式穀倉罐

通高30厘米　外檐徑21厘米

三峽出土。

此罐分頂蓋與倉罐兩節。頂蓋兩層，上層呈『人』字形陡坡檐，前後各五條筋；下層呈圓圈形，用十八條筋作檐。倉罐肩部飄檐環繞二十三條筋。所有出筋上翹，體現宋代建築形式。脛部有一條環筋，環筋與外檐之間，四處以『中』作裝飾。倉腹部一面劃五格梯狀，由下而上分別書寫一、二、三、四、五，以示穀倉層數。梯形層次兩邊，又劃書『倉庫常滿／典庫常開／嘉定十六年／四月日造』。文字刻畫隨意流暢。平底施青黃釉。

嘉定（一二〇八至一二二四）是南宋皇帝宋寧宗趙擴的最後一個年號，共計十七年。據我國古陶瓷研究專家證實，在國內已發現的穀倉罐中，在元代及元代以前的陶瓷器上署帝王年號款的很是偶然，載有確切款銘的極爲少見。此罐有確切紀年，具有重要的史料價值。

265

南宋

頂蓋罐式榖倉罐

通高30厘米　腹寬20厘米

三峡出土。

此罐與前一罐爲同一墓中出土。

266

南宋　塗山窑

黑釉盞

足徑3.5厘米　口徑10.5厘米

高5.2厘米

267

南宋 塗山窑

黑釉碟

大：足徑6.1厘米 口徑14.1厘米

高3.3厘米

小：足徑5.2厘米 口徑11.4厘米

高3.1厘米

268

南宋　塗山窑

黑釉盏

足徑3.3厘米　口徑10厘米

高5.3厘米

269

南宋　塗山窑

黑釉盞

足徑3.3厘米　口徑10厘米

高4.2厘米

270

南宋　塗山窑

黑釉盞

足徑3.6厘米　口徑11.4厘米

高5.6厘米

271

南宋　塗山窑

黑釉盞

足徑3.4厘米　口徑12.4厘米

高4.7厘米

272

宋

影青瓷葵口碗

足徑6.8厘米 口徑17厘米

高5.5厘米

273

宋

影青瓷刻花碗

足徑8厘米 口徑24.5厘米 高6厘米

274

宋　越窯

青瓷碗

足徑3厘米　口徑10厘米　高4.6厘米

275

宋

青白瓷碗

足徑5厘米 口徑14厘米 高6厘米

276

宋

影青瓷印花粉盒

直徑14厘米　高8.5厘米

海南島海撈品。

277

宋 吉州窑

黑釉茶碗

足徑3.5厘米 口徑11厘米 高5厘米

278

宋

緑釉小罐

足徑5.7厘米　口徑8厘米　高7厘米

279

宋　定窑

印花碗

足徑5.2厘米　口徑19.8厘米　高7厘米

280

宋

青瓷刻花碗

足徑5.5厘米　口徑16厘米　高5厘米

281

宋

青釉碗

足徑4.5厘米　口徑13.3厘米

高4厘米

282

宋　磁州窑

白釉盏

足徑7厘米　口徑21厘米　高7.5厘米

283

宋至元

青瓷三足爐

口徑11.5厘米　高6厘米

三峽出土。

284

遼

四繫罐

通高24厘米　腹寬13厘米

285

遼

白釉開光刻花牡丹龍形提梁皮囊壺

通高41厘米 腹寬23厘米

286

辽 绿釉印花皮囊壶

通高38厘米 腹宽20厘米

287

遼

白化妝土碗

足徑8.6厘米　口徑18.2厘米

高6.5厘米

288

元 磁州窑

铁绘梅瓶

通高13厘米 腹宽8厘米

289

元

褐釉印花雙繫扁壺

（口、繫殘）

通高25.5厘米 腹寬23厘米

厚9厘米

290

元

瓷四繫瓶

通高26厘米　腹寬13厘米

291

元　元統三年（一三三五）

褐色缸片

高20厘米　寬13厘米

内蒙古額濟納旗黑水城遺址采集。

缸片刻有銘文：『元統三年。』（『年』字殘）元統（一三三三—一三三五），是元朝最後一位皇帝元惠宗妥懽帖睦爾的第一個年號，共三年。

292

元至明初

花卉纹青花罐

高21厘米　腹寬22厘米

293

元至明初

花卉紋青花罐

高19厘米 腹寬21厘米

294

元至明初

青花碗

足徑11厘米　口徑26.5厘米

高11.5厘米

295

元至明初

白瓷碗

足徑5.5厘米　口徑14厘米

高6.5厘米

296

明早期　磁州窑

鐵銹花大碗

足徑8.5厘米　口徑23厘米

高10.5厘米

297

明

青瓷碗

足徑6.5厘米　口徑14厘米　高7厘米

298

明

白釉碗

足徑6.3厘米　口徑15.1厘米

高7.1厘米

299

明　玉溪窑

青花碗

足徑4.5厘米　口徑11厘米　高6厘米

300

明　玉溪窑

青花碗

足徑7厘米　口徑11.2厘米　高5厘米

301

明 龍泉窑

青瓷碗

足徑5.5厘米 口徑14.6厘米

高6.8厘米

302

明

白釉碗

足徑5厘米　口徑14.7厘米

高6.1厘米

明正德罪己詔 侯方域題李香君小像硯拓本等

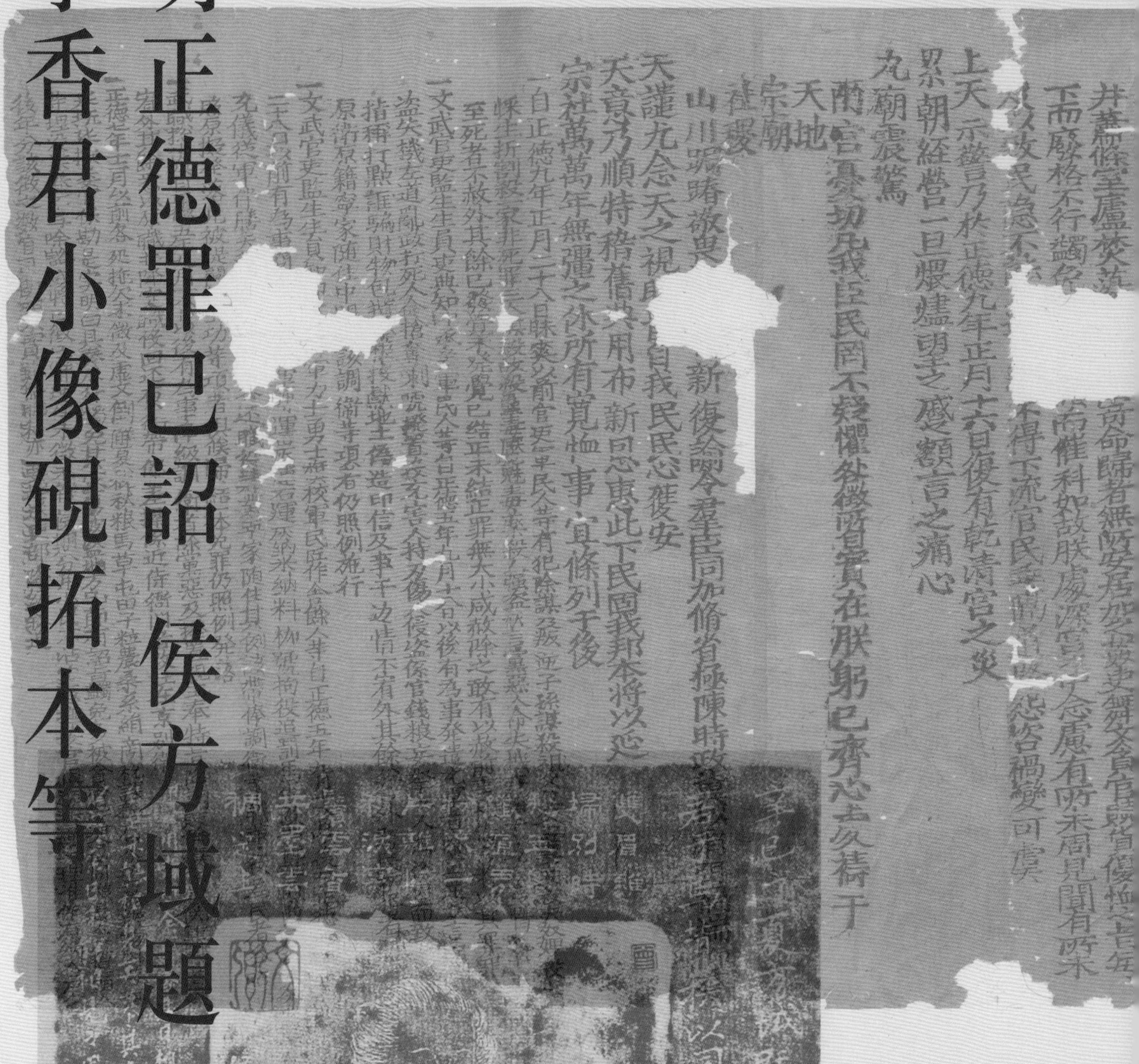

303

明　正德九年（一五一四）　紙本

正德皇帝罪己詔

一九七二年江蘇無錫前洲鎮出土。

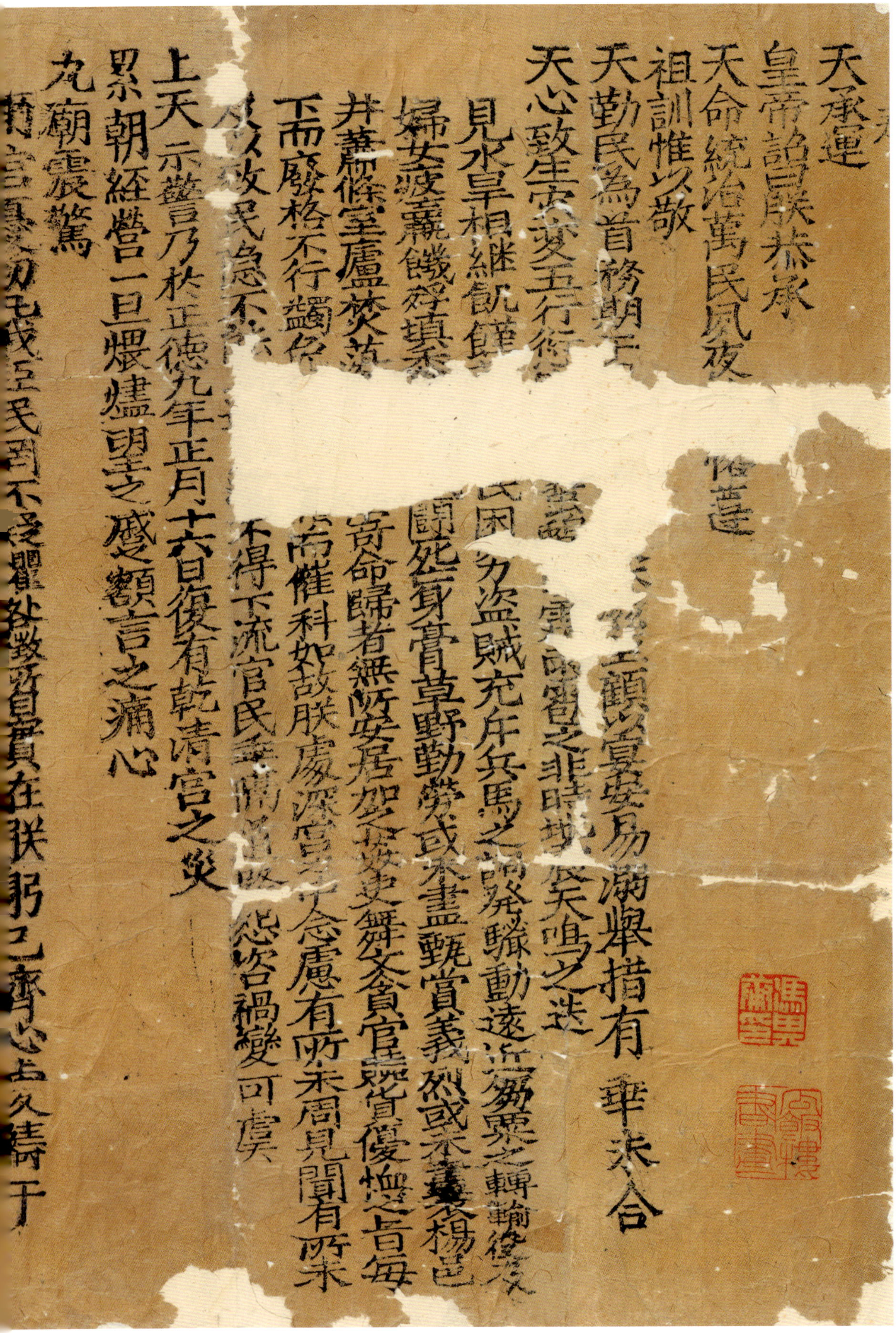
奉天承運
皇帝詔曰朕恭承
天命統治萬民夙夜[illegible]惓惓
祖訓惟以敬
天勤民為首務期上[illegible]顧以寡安易淵舉措有乖未合
天心致星宿變五行[illegible]之非時妖[illegible]鳴之迭
見水旱相繼飢饉[illegible]民困而盗賊充斥兵馬之調發騷動遠近疲累之轉輸役[illegible]
婦女疲羸饑殍填委[illegible]顛死身膏草野勤勞或未盡甄賞義烈或未盡褒揚邑
井蕭條室廬焚蕩[illegible]骨命歸者無所安居[illegible]舞文貪官[illegible]侵漁之旨每
下而廢格不行蠲[illegible]而催科如故朕處深宮之念慮有所未周見聞有所未
及致民急不[illegible]不得下流官民無[illegible]以致怨咨禍變可虞
上天示警乃於正德九年正月十六日復有乾清宮之災
累朝經營一旦煨燼望之感顫言之痛心
九廟震驚
[illegible]責在朕躬[illegible]

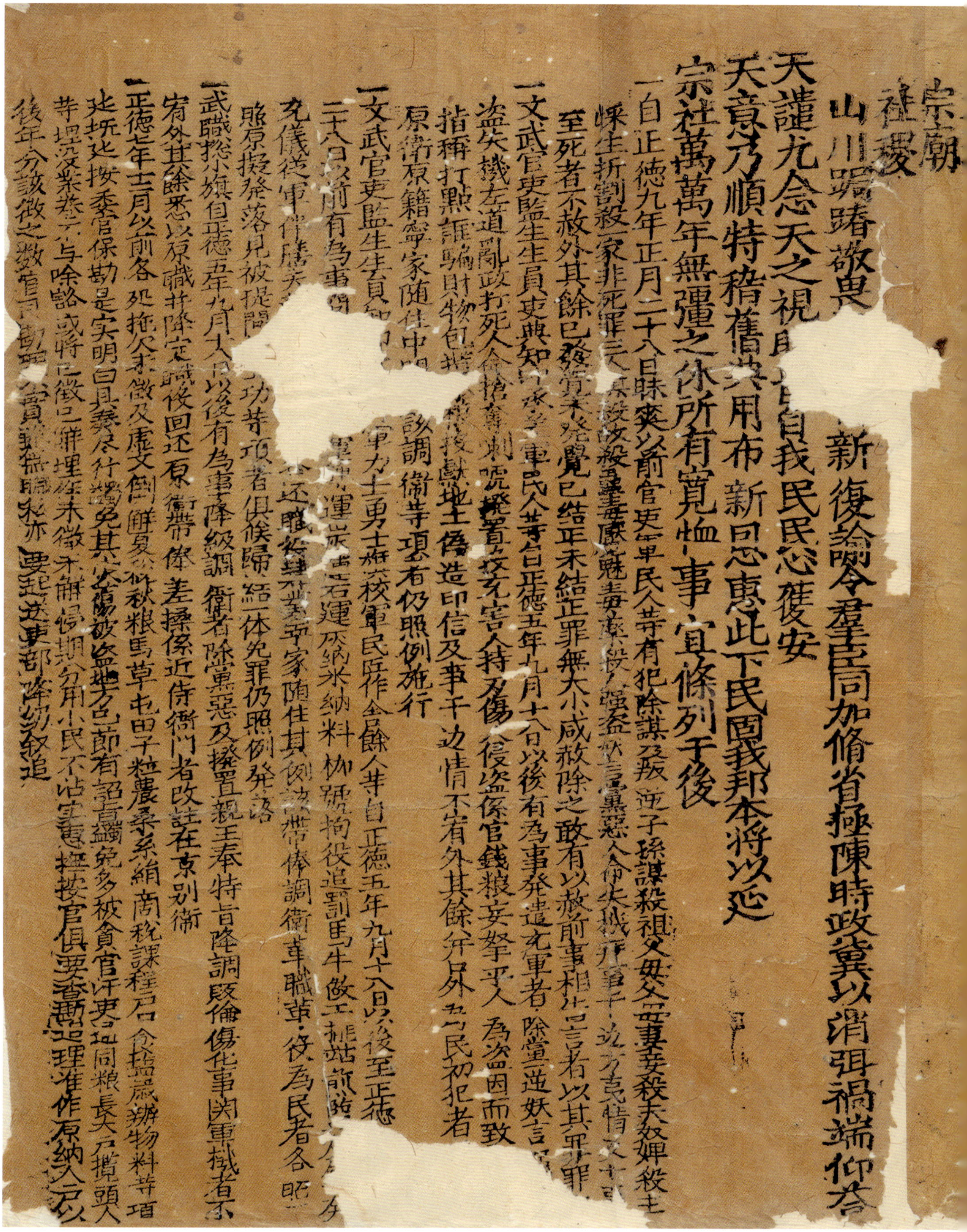
宗廟
社稷
山川踞蹐敬畏[illegible]新復諭爾令羣臣同加脩省極陳時政冀以消弭禍端仰荅
天譴允念天之視[illegible]自我民民心獲安
天意乃順特稽舊典用布新恩惠此下民固我邦本将以延
宗社萬萬年無疆之休所有寬恤事宜條列于後
一自正徳九年正月二十八日昧爽以前官吏軍民人等有犯除謀反叛逆子孫謀殺祖父母父母妻妾殺夫奴婢殺主
悸生折割殺一家非死罪三人[illegible]殺故殺蠱毒魘魅毒藥殺人強盜妖言黨惡人命失機并軍士[illegible]情又[illegible]
至死者不赦外其餘已發覺未發覺已結正未結正罪無大小咸赦除之敢有以赦前事相告言者以其罪罪[illegible]
一文武官吏監生生員吏典知印承差軍民人等自正徳五年九月十八日以後有為事発遣充軍者除黨逆妖言[illegible]
盗失機左道亂政打死人命搶奪剌[illegible]擬置充軍害人待召傷侵盗係官錢粮妄拏平人為盗因而致
指稱打點誆騙財物包攬[illegible]投獻地土偽造印信及事干边情不宥外其餘充軍外為民初犯者
原衛原籍寧家随住中[illegible]改調衛等項者仍照例施行
一文武官吏監生生員知[illegible]軍力士勇士府衛校軍民匠作舍餘人等自正徳五年九月十八日以後至正徳
二十八日以前有為事問[illegible]運炭[illegible]石運灰納米納料枷號拘役追罰馬牛做工[illegible]站[illegible]存
充儀從軍伴膳夫[illegible]還職役并[illegible]寧家随住其例該帶俸調衛革職革役為民者各照
照原擬発落見被提問[illegible]功等項者俱候歸結一体免罪仍照例発落
一武職[illegible]小旗自正徳五年九月十八日以後有為事降級調衛者除黨惡及擅置親王奉特旨降調及倫傷化事関軍機者不
宥外其餘悉以原職并降定職後回还原衛帶俸差操係近侍衛門者改註在京别衛
一正徳七年十二月以前各处拖欠未徵及虚文倒[illegible]夏稅秋粮馬草屯田子粒農桑系絹商稅課程户口食塩歲辦物料等項
延坍[illegible]按季官保勘是実明白具奏尽行蠲免其[illegible]各處被盜地方已節有詔旨蠲免多被貪官汙吏[illegible]同粮長大戶攬頭人
等埋沒[illegible]与除豁或将已徵已併埋沒未徵不解侵欺分用小民不沾実恵撫按官俱要查勘追理准作原納人戶以
後年分該徵之数官吏[illegible]實[illegible]亦要起送吏部降級敘追

一各處逃亡人戶遺下田地抛荒[illegible]無人承佃負累里甲包賠者正德八年十二月以前拖欠未完著巡撫巡按委官保勘是实

究窮迫除豁[illegible]勘不及所拖欠[illegible]朝準豁革

各處逃移復業人戶有司加意[illegible]不許里老人等[illegible]追取拖欠糧及私債等項致令複逃 務仍免本戶該納税粮一年[illegible]

及差徭子年 極貧下戶仍[illegible]其種子

一各處塩運提舉等司[illegible]竈丁逼迫逃亡或有奄棄致死者除已經節行中有引照[illegible]存積在官者

中貴外其餘未經開中額辦[illegible]以凡雨消折等項巡塩御史及提舉司官查勘明白奏請蠲免遇有納剩餘塩或賣小民自

行貨賣塩[illegible]毋[illegible]販私塩之例

一各王府[illegible]郡王將軍中尉[illegible]除[illegible]命婦儀賓化外其餘全革去准給一半[illegible]者照見任文職官[illegible]

婚年遠不曾赴京謝恩[illegible]者宥

一各處王府有蒙恩得齋郎[illegible]該各州縣僉補及已經僉補在役情願應當者聽從其便其有不願應役及新

補者[illegible]本布政司陳[illegible]造冊事例每名追銀十五兩与該府發收領僱人代役不許一概拘禁重為

一近年各處盗起有真女烈[illegible]志節不屈行跡顯著者巡撫巡按官勘是實明白具奏俱与旌表門

一各處用兵地方軍民戰亡[illegible]未蒙優恤者巡撫巡按及紀功官查勘明白奏請定奪軍民死於鋒鏑[illegible]

者所在有司俱与掩埋

一各處衛所軍人自正德九年[illegible]者許原逃正身或戶下人丁以詔書到日為始限三箇月以裏赴官自首改編[illegible]

[illegible]當鮮發原衛補伍其逃校逃尉逃囚人等亦限三箇月以裏首告免罪各还

民發寧家

一各處孳牧寄養馬匹先被流賊搶劫曾經官勘实執有明文并提督撫按等官与征剿官軍騎去不曾給還者除[illegible]

補外其未補之數巡撫及太僕寺分管官勘實悉与蠲免不許捏故濫報事發重治

一正德八年以前京边上班官軍先因流賊生發防守地方失誤班次應該送問罰班補操者悉皆宥免今後再誤重治不饒

一南北直隸山東河南等處軍民人等先被流賊殺虜房屋已經撫贖各該地方務要加意存恤不許生事騷擾以致驚疑[illegible]

治不饒

一江西四川等處地方盗賊首惡雖已擒斬余黨尚未盡平詔書到日總制提督等官出榜既諭果能改悔投順誠心向化

真[illegible]一體[illegible]存恤其有

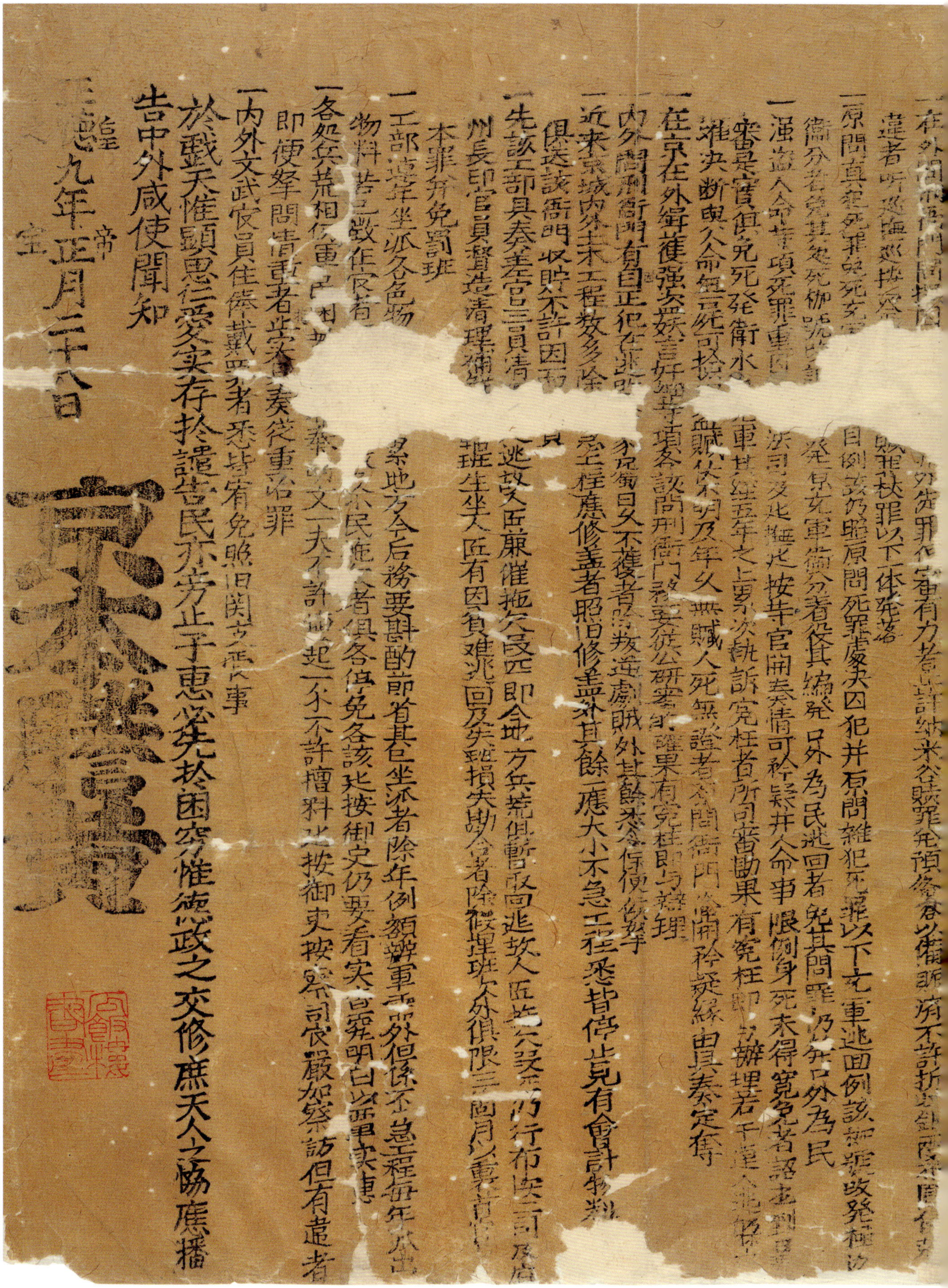

一在外問刑衙門問擬因[illegible]……有力者許納米谷贖罪免預備……不許折……
違者听巡撫巡按……贓罪杖罪以下一体発落
一原問真犯死罪與死……自例……仍照原問死罪處决因犯并原問雜犯死罪以下充軍逃回例該……改発
衛分者免其……発京充軍衛分者役其編発另外為民逃回者免其問罪仍……外為民
一強盜人命等項死罪重囚……法司及此撫巡按等官開奏情可矜疑并人命事限例身死未得寬免者……
審是實但究死発衛……充軍其經五年之上累次執訴究枉者所司查勘果有冤枉即……辦理若干……
雖决断與人命無干死可矜疑……無贓仗不明及年久無贓人死無證者各問刑衙門從開矜疑緣由具奏定奪
一在京在外緝獲強盜妖言奸黨等項各該問刑衙門……要從公研審……果有冤枉即与辯理
一內外問刑衙門有自正犯在逃……家属……日久不獲者除叛逆處賊外其餘悉各保使……
一近来京城內外土木工程數多除……合工程應修蓋者照旧修蓋外其餘一應大小不急工程悉皆停止竟有會計物料
俱送該衙門收貯不許因而……
一先該工部具奏差官三員清……逃故人匠廉催拖欠匠價即令地方兵荒俱暫停取回逃故人匠……仍行布政三司……
州長印官員督造清理補……提生坐人匠有因負難逃回及失班損失助合者除……班外俱限三個月……
本罪并免罰班
一工部造年坐派各色物……地方今后務要斟酌節省其已坐派者除年例額辦軍需外但係不急工程每年……
物料若干數任官……民……者俱各停免各該巡按御史仍要看實……明白……
一各處兵荒相仍重……奉……文一夫不許……起一分不許擅料……巡按御史按察司官嚴加察訪但有違者
即便拏問請……者……奏從重治罪
一內外文武官員住俸……者悉皆有免照旧関支……事
於戲天惟顯思仁愛实存於譴告民……止于惠必先於困窮惟德……政之交修庶天人之協應播
告中外咸使聞知
皇帝
正德九年正月二十八日
……寶

釋文：

奉
天承運，
皇帝詔曰：朕恭承
天命，統治萬民，夙夜□□，恪遵
祖訓，惟以敬
天勤民爲首務，期在□□……顧以宴安易溺，舉措有乖，未合
天心，致生災變，五行衍□□□蜚蝗，雷霆雨雹之非時，地震
天鳴之迭
見，水旱相繼，饑饉□□，□民困窮，盜賊充斥，兵馬之調發，騷動遠近，芻粟之轉輸，役及婦女，疲羸饑殍，塡委□□，□鬥死亡，身膏草野，勤勞或未盡甄賞，義烈或未盡襃揚，邑井蕭條，室廬焚蕩，□□□□寄命，歸者無所安居，加之奸吏舞文，貪官贖貨，優恤之旨每下，而廢格不行，蠲免□□□□，而催科如故。朕處深宮之中，念慮有所未周，見聞有所未及，以致民隱不能□□□□不得下流，官民乖隔，道路怨咨，禍變可虞。
上天示警，乃于正德九年正月十六日復有乾清宮之災。
纍朝經營，一旦煨燼，望之蹙額，言之痛心。
九廟震驚，
兩宮憂切，凡我臣民，罔不疑懼，咎征所自，實在朕躬，已齋心虔禱于
天地、
宗廟、
社稷、
山川，跼蹐敬畏，□□□新，復諭令群臣同加修省，極陳時政，冀以消弭禍端，仰答
天譴，尤念天之視聽，皆自我民，民心獲安，
天意乃順。特稽舊典，用布新恩，惠此下民，固我邦本，將以延
宗社萬萬年無疆之休。所有寬恤事宜，條列于後：

一、自正德九年正月二十八日昧爽以前，官吏軍民人等有犯，除謀反叛逆，子孫謀殺祖父母、父母，妻、妾殺夫，奴婢殺主，採生折割，殺一家非死罪，三人謀殺、故殺，蠱毒、魘魅、毒藥殺人，强盜、妖言、黨惡人命失機并事干邊方夷情及十惡至死者不赦外，其餘已發覺，未發覺，已結正，未結正，罪無大小，咸赦除之。敢有以赦前事相告言者，以其罪罪之。

一、文武官吏、監生、生員、吏典、知印、承差、軍民人等，自正德五年九月十八日以後有爲事發遣充軍者，除黨逆、妖言、强盜、失機、左道、亂政、打死人命、搶奪喇唬撥置投充害人、持刀傷人、侵盜係官錢糧、妄拏平人爲盜，因而致□□□指稱打點、誆騙財物、包攬□糧、投獻地土、僞造印信及事干邊情不宥外，其餘并口外爲民，初犯者□□□原衛原籍寧家隨住中□，該調衛等項者，仍照例施行。

一、文武官吏、監生、生員、知印、□□□□軍力士、勇士、旗校、軍民、匠作、舍餘人等，自正德五年九月十八日以後，至正德□□□□二十八日以前，有爲事問□□□□軍轉運炭、運石、運灰、納米、納料、枷號、拘役、追罰、馬牛做工攏站煎監之人□□充儀從軍伴膳夫□□□□□□還職役肄業寧家隨住其例，該帶俸調衛革職、革役爲民者，各照原擬發落，見被提問□功等項者，俱俟歸結一體免罪，仍照舊例發落。

一、武職揔小旗自正德五年九月十八日以後，有爲事降級調衛者，除黨惡及撥置親王、奉特旨降調、敗倫傷化，事關軍

機者不宥外，其餘悉以原職并降定職役回還原衛帶俸差操係近侍衙門者，改註在京別衛。

一、正德七年十二月以前，各處拖欠未徵及虛文倒解夏稅秋糧、馬草屯田子粒、農桑、系絹、商稅、課程、户口、食鹽、歲辦物料等項，巡撫、巡按委官保勘是實，明白具奏，盡行蠲免，其災蕩被盗地方已節有詔旨蠲免，多被貪官污吏通同糧長、大户、攬頭人等埋没業卷，不與除豁，或將已徵已解埋□，未徵未解，侵期分用，小民不沾實惠，撫按官俱要查勘追理，准作原納人户以後年分該徵之數，官司勘理不實，雖無職私亦要起送吏部，降級叙追。

一、各處逃亡人户遺下田地：沙礆瘠□□，無人承佃，負累里甲，包陪糧草，正德八年十二月以前拖欠未完者，巡撫、巡按委官保勘是實，悉與除豁，保勘不實，聽撫按□問罪黜革。

一、各處逃移役業人户有司加意存恤，不許里書人等逼取拖欠錢糧及私債等項，又致逃移，仍免本户該納稅糧一年，雜泛差徭二年，極貧下户仍□□具種子。

一、各處鹽運提舉等司，查追遠□□鹽課將竈丁逼迫逃竄或有淹禁致死者，除已經開中有引，照舊前辦給商及存積在官聽候中責外，其餘未經開中額數□□□積年□□雨消折等項，巡鹽御史及鹽法官查勘明白奏請蠲免，遇有納剩餘鹽或小民自行前辦鹽□不多者，仍□□□□□□□□□在興販私鹽之例。

一、各王府親王、郡王、將軍中□□□□□除□□命敗倫傷化外，其餘全革者准給一半，三分□□□者照用全支儀賓有因，或婚年遠不曾赴京謝恩，□□□□皆宥□。

一、各處王府有應得齋郎厨□□□，該各州縣僉補及已經僉補在役，情願應當者，聽從其便，其有不願應役及新□□補者，許赴本布政司陳□□□□□□皂隸事例，每名追艮十刃交與該府教授收領，雇人代役不許，一概拘禁重□□□。

一、近年各處盗起，有真女烈□□□□□志節不屈，行跡顯著者，巡撫、巡按官查勘是實，明白具奏，俱與旌表□□□。

一、各處用兵地方軍民職官□□□□□，蒙優恤者，巡撫、巡按及紀功官查勘明白，奏請定奪，軍民死於鋒□無人□□者，所在有司俱與掩埋□□□□。

一、各處衛所軍人，自正德九年□□□□□，故者許原逃正身或户下人丁以詔書到日爲始，限三個月以裏赴官自首，改編附近衛□充軍，仍行原衛開豁，其過限□□□□舊解發原衛補伍，其逃校逃厨逃囚人等，亦限三個月以裏，首告免罪，各還□民發寧家。

一、各處孳牧寄養馬匹，先被流賊搶劫，曾經告官勘實，執有明文，并提督撫按等官兑與，征剿官軍騎去不曾給還者，除□□補外，其未補之數，巡撫及大僕寺分管官勘實，悉與蠲免，不許捏故濫報，事發重治。

一、正德八年以前，京邊上班官軍，先因流賊生發，防守地方，失誤班次，應該送問罰班補操者，盡皆宥免，今後再誤，重治不饒。

一、南北直隸、山東、河南等處軍民人等，先被流賊脅虜，已經撫散，各該地方務要加意存恤，不許羅織田事，以致驚疑不安，逼□治不饒。

一、江西、四川等處地方盗賊，首惡雖已擒折，餘黨尚未盡平，詔書到日，摠制提督等官出榜，既諭：果能改悔投順，誠心向化，俱免本罪，仍各照籍貫發還本土，責令該管里甲、户長拘管生理，不許聚居一處，生事爲非，仍令所在官司一體加意存恤，其有撫陰實爲□者，□督□□□□不許□恩蒙蔽，重貽後患。

一、在外問刑衙門問□□□□，外徒罪何審有力者，□許納米、穀贖罪，并預備穀以備賑濟，不許折收銀兩，希圖侵克，違者聽巡撫、巡按發□□□□賊罪杖罪以下一體發落。

一、原問真犯，死罪免死充軍□□□□，自例該仍照原問死罪處决囚犯，并原問雜犯死罪以下充軍逃回，例該枷號，改發極邊衛分者免其處死，枷號改□□□發原充軍衛分着役，其編發口外爲民逃回者免其問罪，仍發口外爲民。

一、强盗人命等項死罪重囚□□法司及巡撫、巡按等官開奏，情可矜疑，并人命事限例身死未得寬免者，詔書到日，□審是實，俱免死，發衛水□□軍，其經五年之上累次執訴寃枉者，所司審勘果有寃枉，即與辦理，若干連人逃躲□難决斷，與人命無尸可檢□□贜伏不明及年久無贜，人死無證者，問衙門備開矜疑緣由，具奏定奪。

一、在京、在外緝獲强盗、妖言、奸細等項，各該問刑，衙門務要從公研審的確，果有寃枉，即與辦理。

一、内外問刑衙門有自正犯在逃□□家屬，日久不獲者，除叛逆、劇賊外，其餘悉令保便候拏。

一、近來京城内外土木工程數多，除□急工程應修蓋者照舊修蓋外，其餘一應大小不急工程，悉皆停止，見有會計物料□□，俱送該衙門收貯，不許因而□□。

一、先該工部具奏：差官三員清□□逃故人匠廉催拖欠叚匹，即令地方兵荒俱暫取回逃故人匠拖欠叚匹，仍行布□二司及府州長印官員督造清理，補□□□班生坐人匠，有因貧難逃回及失班損失勘合者，除假捏班欠外，俱限三個月以裏，首官□□本罪并免罰班。

一、工部連年坐派各色物□□□□累地方，今后務要斟酌節省，其已坐派者，除年例額辦軍需外，但係不急工程，每年派出物料，若已徵在官者，□□□□□□小民拖欠者，俱各停免，各該巡按御史仍要看實，查究明白，以覃實惠。

一、各處兵荒相仍，軍民困苦，□□□奉明文一夫不許擅起，一尔不許擅料，巡按御史、按察司官嚴加察訪，但有違者，即便拏問，情重者指實具奏，從重治罪。

一、内外文武官員住俸戴罪者，悉皆宥免，照舊關支管事。

於戲！天惟顯思，仁愛實存於譴告，民亦旁止，子惠必先於困窮，惟德政之交修，庶天人之協應。播告中外，咸使聞知。

皇帝

正德九年正月二十八日　京本謄黄

之寶

（高海英　識録）

附　關於正德九年明武宗的《罪己詔》〔一〕

記得是在『文化大革命』後期，一九七二年，我的家鄉無錫前洲鎮馮巷，在興修水利，挖河，平整土地時挖出了一個明代的棺材，裏邊尸體未腐，衣服完好如新，但死者的腦袋是用泥塑後配上去的，可見當時是被殺頭的。死者的胸前挂有一個黄布口袋，袋裏裝着幾份文書，我的侄子馮有責拿了一份，非常完整，他寄給了我。我一看是木刻版黄紙印刷的，共兩張。第一張寫『奉天承運，皇帝詔曰』云云，第二張末尾有『京本謄黄』四個大字，年份是『正德

【注釋】

〔一〕原題《兩椿歷史事實和兩件珍貴文獻》，發表於《紫禁城》二〇〇五年第六期。本文是節録。

九年正月二十八日』。我仔細一看，原來是一份明正德皇帝的『罪己詔』。『罪己詔』這個名詞早就聽説過，在小説戲劇裏也都寫到過，但從未見過實物。我一看内容，是因爲乾清宫失火被焚，因而皇帝下『罪己詔』大赦天下。這件東西與故宫有關，但查有關故宫的資料，却未查到乾清宫失火的記載。因事關故宫，我就想把這件『罪己詔』交給故宫，一位朋友給我拿去後，隔了一段時間來回我説，故宫在運動中（『文革』）亂得很，根本没有人管這事，還是還你罷。所以又給我拿了回來，但他説，這份材料紙已很爛，所以幫我托裱了一下。這當然更好了，但我拿來一看，却『托』掉了很多字，原本紙雖有點爛，但文字很全，只有個别幾個字丢失，經托裱後却丢失了好多字。當時正在『文革』中，有幾個人還能重視這些歷史資料，能幫我『托』一下已經是很難得了。何况也多虧這次『托』過，所以我一直收藏到上世紀末也未曾損壞。一個偶然的機會，我到第一歷史檔案館開會，參加原無錫國專老校長唐文治先生在清朝時期的全部駐外日記的捐贈儀式。在座談時我想起了這份『罪己詔』。我説這份『罪己詔』與故宫有關，如果檔案館願意收藏，我可捐贈給檔案館。檔案館的領導非常重視此事，不久就來鄭重地拿去了，還在報刊上發了消息。説，這是『迄今爲止我國發現年代最爲久遠、保存完好的「罪詔」實物，具有重要的史料價值』。〔一〕『罪詔』長一百三十四厘米，高五十八厘米。雖然歷史記載常記到皇帝下『罪己詔』之事，但從未有實物留下來，也不知道是什麽樣子。這份『罪己詔』雖然是『京本謄黄』，即據京城裏皇帝頒布的『罪己詔』的翻刻本，但這是遵官方的指令照原樣印的，因爲要頒布全國各地，只可能由地方上照京本翻刻翻印，這樣纔能及時傳達。就是這樣，可能還延緩了很長一段時間，以至於這個原本是該殺的罪人，如按『罪己詔』大赦的條例，該在赦免之例。但當『罪己詔』到時，人頭早已落地了，腦袋還可能拿去示衆了，所以只好用個泥塑腦袋配上。胸前再給他帶上幾份『罪己詔』，以便他去見『閻王』時好説明他原該赦免，『罪己詔』來得晚了，所以『屈』死了。

因爲誰也未見過『罪己詔』是什麽樣子，我除了將檔案館爲我拍的照片登出來外，還將『罪己詔』的文字摘録一些，以供欣賞（今已識録全文見前），《罪己詔》本身，當然是研究故宫歷史和明史的一份重要史料。

下面就是『罪己詔』的摘文，仍依『罪詔』的原格式録寫。其中有缺損處就用『□』代借。文曰：

奉

天承運，

皇帝詔曰：朕恭承

天命，統治萬民，夙夜□□，恪遵

祖訓，惟以敬

天勤民爲首務，期在□□……顧以宴安易溺，舉措有乖，未合

天心，致生災變，五行衍□□□蜚蝗，雷霆雨雹之非時，地震

天鳴之迭

見，水旱相繼，饑饉□□，□民困窮，盜賊充斥，兵馬之調發，騷動遠近，芻粟之轉輸，役及婦女，疲羸饑殍，填委□□，□鬥死亡，身膏草野，勤勞或未盡甄賞，義烈或未盡褒揚，邑井蕭條，室廬焚蕩，□□□□寄命，歸者無所安居，加之奸吏舞文，貪官贖貨，優恤之旨每下，而廢格不行，蠲免□□□□，而催科如故。朕處深宫之中，念慮有所未周，見聞有所未及，以致民隱不能□□□□□不得下流，官

【注釋】

〔一〕見一九九七年第二期《歷史檔案》。

民乖隔，道路怨咨，禍變可虞。
上天示警，乃于正德九年正月十六日復有乾清宫之災
纍朝經營，一旦煨燼，望之蹙額，言之痛心。
九廟震驚，
兩宫憂切，凡我臣民，罔不疑懼，咎征所自，實在朕躬，已
齊心虔禱于
天地、
宗廟、
社稷、
山川，跼蹐敬畏，□□□新，復諭令群臣同加修省，極陳時
政，冀以消弭禍端，仰答
天譴，尤念天之視聽，皆自我民，民心獲安，
天意乃順。特稽舊典，用布新恩，惠此下民，固我邦本，將以延
宗社萬萬年無疆之休。所有寬恤事宜，條列于後：
一、自正德九年正月二十八日昧爽以前，官吏軍民人等有犯，除謀及叛逆，子孫謀殺祖父母、父母，妻、妾殺夫，奴婢殺主……者不赦外，其餘已發覺，未發覺，已結正，未結正，罪無大小，咸赦除之。敢有以赦前事相告言者，以其罪罪之。
（以下略去二十五條）
一、内外文武官員住俸戴罪者，悉皆宥免，照舊關支管事。
於戲！天惟顯思，仁愛實存於譴告，民亦旁止，子惠必先於困窮，惟德政之交修，庶天人之協應。播告中外，咸使聞知。

皇　帝
正德九年正月二十八日　京本謄黄
之　寶

以上就是這份『罪己詔』的大概。值得重視的是『罪詔』開頭説到的社會情況，如『水旱相繼，饑饉□□，□民困窮，盗賊充斥』，『芻粟之轉輸，役及婦女，疲羸饑殍，填委□□，□門死亡，身膏草野』，『邑井蕭條，室廬焚蕩』，『奸吏舞文，貪官黷貨』等等，這些描寫，要不是出自皇帝老子之口，定被判成誹謗叛逆之罪，現在在『罪詔』裏布告天下，可見它的真實性是無疑的了。

乾清宫火焚，皇帝下『罪己詔』，在當時當然是朝野震驚的頭等大事，可是我檢《明史．武宗本紀》，於正德九年正月只檢到『庚辰，乾清宫灾』六個字，真是輕描淡寫，一帶而過，下『罪己詔』之事連影子也没有。到十二月則有『十二月甲寅，建乾清宫，加天下賦一百萬』。再檢《明武宗實録》卷一〇八有『乾清宫火』條，倒值得一讀，此條説：

上自即位以來，每歲張燈爲樂，所費以數萬計。庫貯黄白蠟不足，復令所司買補之。及是，寧王宸濠别爲奇巧以獻，遂令所遣人入宫懸掛，傳聞皆附着柱壁，輝煌如畫。上復于宫廷中依檐設氈幕而貯火藥于中，偶勿戒，遂延燒宫殿，自二鼓至明俱盡。火勢熾盛時，上猶往豹房省視，回顧光焰燭天，戲謂左右曰：是好一棚大烟火也。

原來逼他下『罪己詔』，又耗費人民一百萬兩的一場大火灾，他當時却高興得説『是好一棚大烟火』。

這就是在這件『罪己詔』背後的真實歷史。

二〇〇五年五月七日夜一時半寫畢於瓜飯樓

明

304

侯方域題李香君小像硯拓本

樊觀玉原藏。

硯面正中爲李香君小像，小像左邊有『侯朝宗摹』款。小像四周刻有明末侯方域（字朝宗）、陳貞慧（字定生）、楊文驄（字龍友）的題字，拓本上有八方收藏圖章。

李香君小像硯銘：

陳定生題（隸書）：雙眉難掃別時愁。玉容纖痕界粉流。一片離情和淚寫，鬢雲香共墨雲稠。定生

侯方域題（行書）：硯，用者也；余與香君日相見者也；今將别矣，日不能相見矣！摹其像于日用之硯，以寄余日未能相見之思。方域

楊文驄題（楷書）：辛巳立夏，方域既將入都，不能縛香君于馬背，挾以同行，乃摹其像于硯以去，用情亦苦矣。夫置而不御，不可謂非琴瑟也。香君其待之，畫中人安必不作閨中人哉？楊文驄

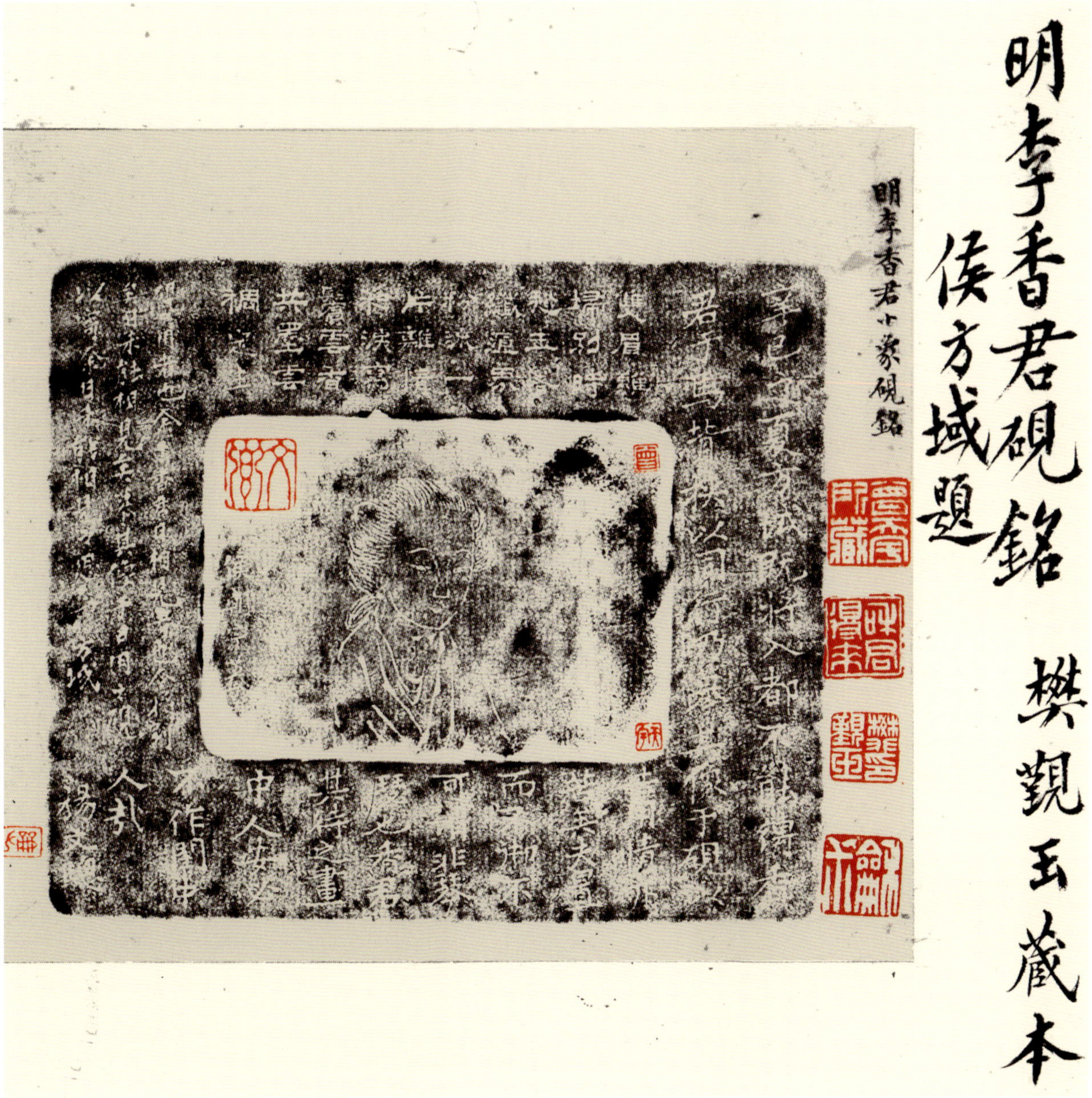

李香君小像硯四側跋拓本

文曰：此硯爲高蒼厓所藏，蒼厓稱，其舅祖平吴逆時得自襄陽城中者。香君，青樓一女子耳，以片石傳至百七十餘年，抑何幸耶？文人之筆壽人乃如此。

半聾識

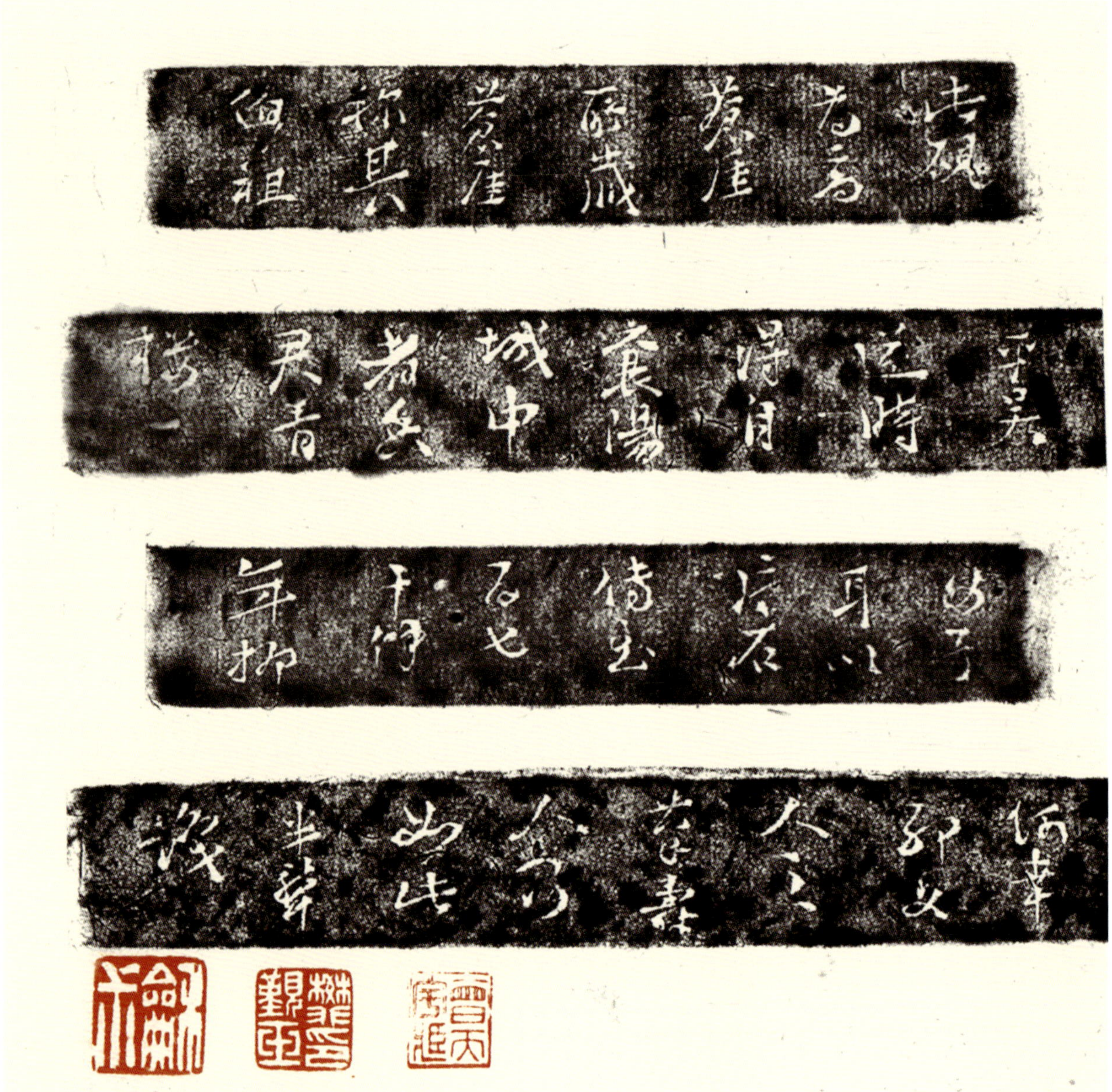

305

清

翁方綱跋顧二娘澄泥硯拓本

翁方綱跋云：淡淡梨花黯黯香。芳名誰遺勒詞場。明珠七字端溪吏，樂府千秋顧二孃。此句山陳先生題黄莘田任研詩也，吴門顧大家善製研，莘田嘗有『誰傾幾滴梨花雨，一洒泉臺顧二孃』之句，故句山詩云爾。侯官道山林君以此硯見贈，亦顧所製，系此代銘，不獨可裨研史，亦足備一則詩話也。維時乾隆辛卯九月中澣之三日，石州西齋墨緣書屋。覃溪方綱

陸和九題云：顧二娘澄泥研銘　和九

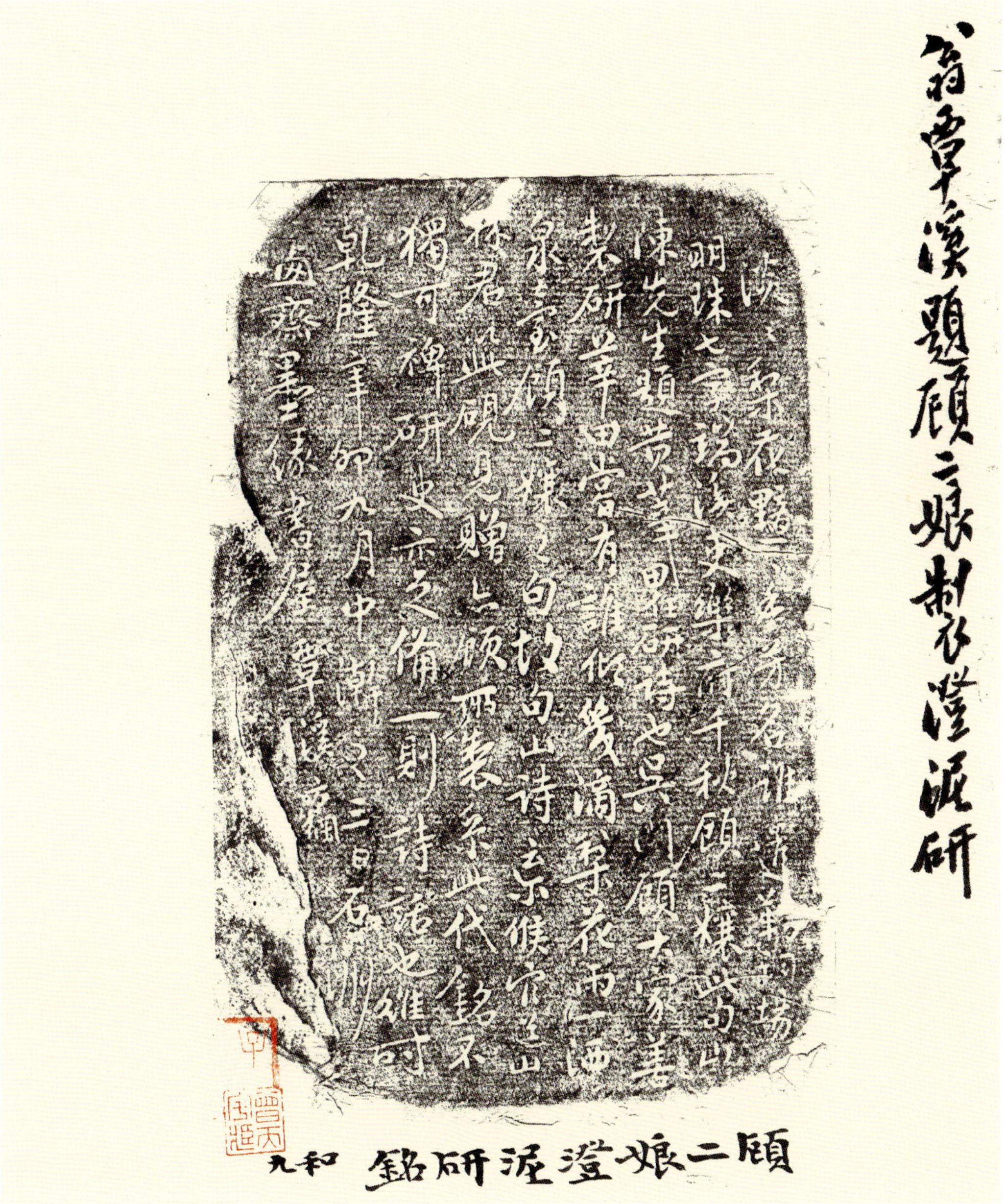

宋明清迄今墨

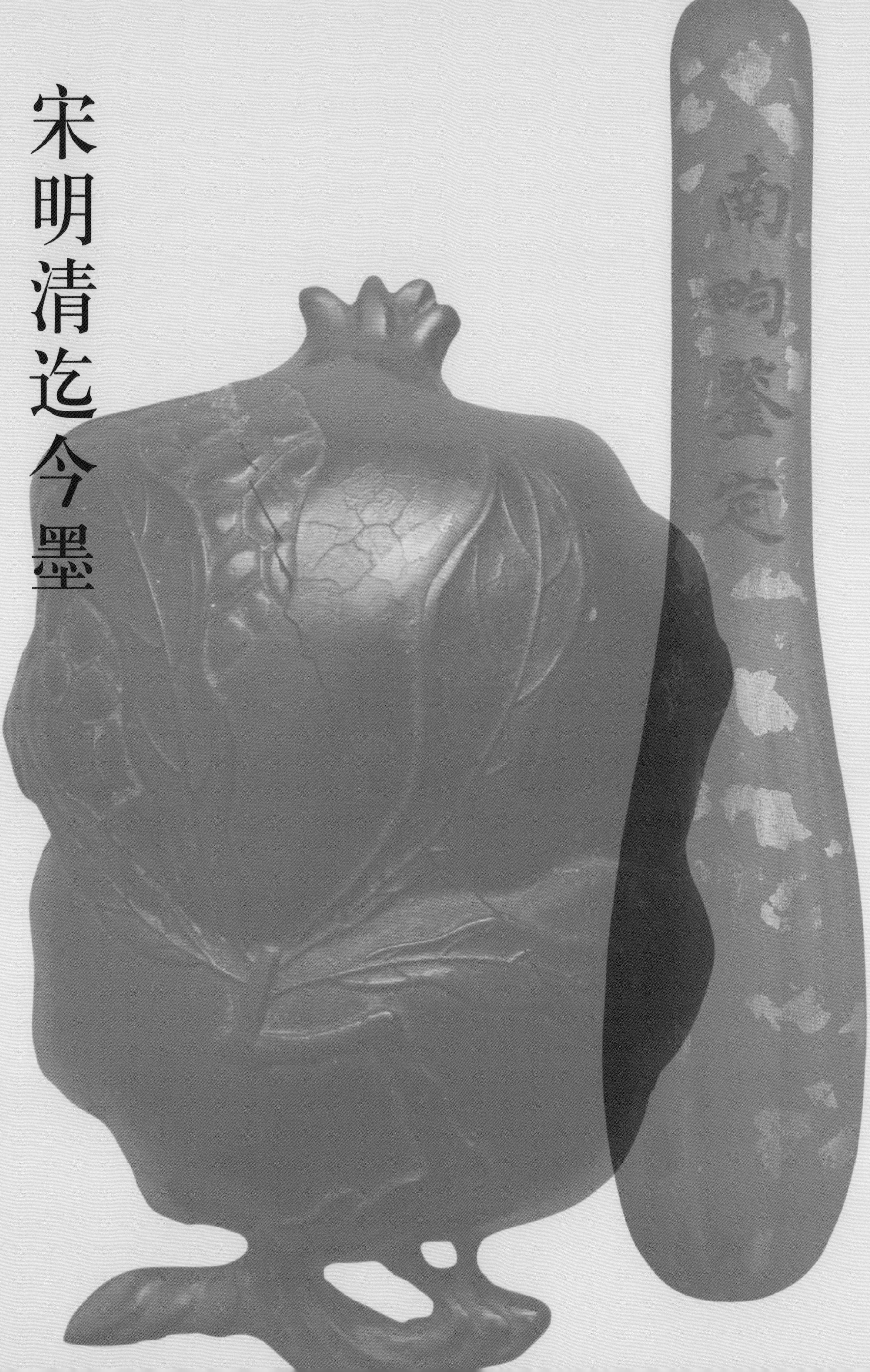

306

北宋　乾德

宋乾德年專造墨

高14.7厘米　寬2.2厘米

三峽出土。

墨正面陽識：宋乾德年專造。

宋乾德（九六三—九六八）是宋太祖趙匡胤的第二個年號，從北宋開國後第四年開始，共五年。南唐後主李煜、吴越忠懿王錢俶也用乾德年號紀年。

此墨重量很輕，已經炭化。

307

南宋　乾道元年（一一六五）

乾道元年錢益司用墨

高13.8厘米　寬2.1厘米

三峽出土。

墨正面陽識：乾道元年錢益司用。

乾道（一一六五—一一七三）是南宋孝宗趙昚的第二個年號，共計九年。

此墨重量很輕，已經炭化。

308

南宋　乾道元年（一一六五）

乾道元年錢益司用墨

高14.6厘米　寬2.5厘米

三峽出土。

墨正面陽識：乾道元年錢益司用。

此墨重量很輕，已經炭化。

309

南宋　乾道元年（一一六五）

乾道元年錢監司用墨

高14.6厘米　寬2.5厘米

三峽出土。

墨正面陽識：乾道元年錢監司用。

此墨重量很輕，已經炭化。

310

明　萬曆三十五年（一六〇七）

方季康藏墨

高9.3厘米　寬1.1厘米

墨四方柱形，一面楷書陰識『方季康藏墨』五字，鈐篆文『方季康』小章，一面『希希齋造』四字，一面楷書陽識『萬曆丁未年』款。

萬曆（一五七三—一六二〇），明神宗朱翊鈞的年號，共四十八年。萬曆丁未即萬曆三十五年。

311

明末　程君房

石榴形墨

高6.5厘米　寬4.5厘米

墨作石榴狀，蒂生二葉，覆於石榴上。一面題『君房墨』，陽識。墨形小巧可人，石榴已成熟，榴開百子，寓意多子多孫。此形曾見二種，一硃一墨，本件作墨石榴，惟真贋難定，供讀者參考。

程君房，名大約，以字行。又字幼博，又字君房，號墨隱道人。安徽歙縣人。萬曆時官鴻臚寺序班，罷任後始專工製墨，有《程幼博集》、《程氏墨苑》等書。大約博雅好古，能詩文，於製墨起宋元之衰，開後世典型。生卒年不詳，活躍於萬曆年間。其墨光潔細膩，款式花紋變化多端，深得文人士大夫喜愛。其傳品贋過於真，尹潤生藏有三品。（以上參見《尹潤生墨苑鑒藏録》〔一〕）

【注釋】

〔一〕尹潤生《尹潤生墨苑鑒藏録》，紫禁城出版社二〇〇八年六月第一版。

312

明末清初　程公瑜

結綺墨

直徑9.5厘米

正面陽識鏤『結綺』墨名，下鈐『程氏公瑜』方印。背面刻綺綾一卷，以絲帶相結，上有題詩曰：『巧於心，妙於指。五間成文，雙結爲綺，采綠采藍，胡未已。』程公瑜，一號隱道人，别署真實齋，安徽歙縣人，明清間墨工。生平無考。尹潤生藏其『鳳麟膠』、『尊勝幢』墨二品，列入明末；『卿雲露』一品，入順治朝；又藏其『世掌絲綸』墨八品，列入康熙朝。蓋程公瑜製墨歷數朝也。

313

明末 王俊卿

琴書友墨

長7.5厘米 寬1.8厘米

一面陰識楷書填金『琴書友』，另一面『浣香齋』款。

王俊卿，明末安徽休寧製墨家。墨肆浣香齋。〔一〕

【注釋】

〔一〕參見周紹良『王俊卿浣香齋墨』，《周紹良清墨談叢》，紫禁城出版社二〇〇九年版。

314

明末清初　曹素功舊藏

小兒睛硃墨

高9.8厘米　寬2.5厘米

墨長方形，正面上方隸書陰識『小兒睛』三字，下方『筆研精良，人生一樂』八字；背面隸書陰識『精光乃可掇』五字，頂部陰文隸書『神品』，側面楷書陽識『古歙曹素功舊藏』款。

曹素功生於明萬曆四十三年乙卯（一六一五），卒於康熙二十八年（一六八九），清代四大製墨名家之一，原名聖臣，號素功，安徽歙縣人。被人們譽爲『天下之墨推歙州，歙州之墨推曹氏』。此墨英法聯軍從圓明園皇宮劫走，秦曉陽兄從歐洲買回贈予，當爲明末或清順、康朝製。

315

清 康熙三十四年（一六九五） 程增

尚中堂蝶莊 硃墨

高13.6厘米 寬2.4厘米

墨呈上下出弧的長方形，一面楷書陽識『尚中堂蝶莊』；一面篆書陽識『乙亥』年款，楷書陽識『不可磨』。『乙亥』，康熙三十四年。

《周紹良清墨談叢》：『石國柱修《歙縣志》卷十《人物志·士林》載：程增，字蝶莊，（歙縣）岑山渡人。好讀書談經濟。河督任以宣防，精密稱職。聖祖南幸，御書「莊勞」二字寵之，又賜「蕓窗」匾額并聯句詩幅。著有《碧岑詩鈔》、《閩游草》。』周紹良先生認爲『尚中堂』是程增的墨肆榜名。

316

清

彩墨

直徑4.3厘米

此墨製作精良、美觀，是套墨之散佚者。

317

清　御墨

内殿輕煤墨

高9.5厘米　寬2.8厘米

長圓形墨，兩面中起一棱，呈兩瓣狀。正面描金楷書『内殿輕煤』，背面上方描金楷書『御墨』二字横列。此爲皇宫御用墨。

318

清　康熙　汪次侯

儒林共賞墨

長7.6厘米　寬4厘米

隨形荷葉硯式，面爲硯池，額飾荷葉荷花，硯邊隨形起框，上填金篆書『儒林共賞，汪次侯倣古』。背面雕荷葉兩片，葉脉清晰，造型獨特。

汪次侯，字聲遠，安徽休寧人。康熙時名墨工，善製集錦，曾製『白嶽凝烟』、『儒林共賞』套墨，此爲後者荷葉形一品。

319

清　康熙五十三年（一七一四）　貢墨

車書一統墨

長11.5厘米　寬2.5厘米

長方形，一面楷書『車書一統』四字，下鐫繪車書圖，另一面『康熙甲午年』年款，俱楷書陰識填金。一側下端楷書陽識『安徽巡撫臣梁世勣恭進』。

梁世勣（?—一七一八），字廷鏞，號鶴汀，陝西安塞人。以蔭生累官山東布政使，康熙四十五年（一七〇六）擢廣西巡撫，五十一年（一七一二）調安徽巡撫。世勣任安徽巡撫，始康熙五十一年，迄五十五年，凡五載。此笏係康熙甲午五十三年所進。

320

清　汪時茂

桐鄉勝侶墨

長8.8厘米　寬2.4厘米

墨爲兩手卷共一束形，腰部飾雲紋束錦帶。一卷簽題『桐鄉勝侶』，一卷簽題『時茂家珍』，俱篆書。『桐鄉勝侶』爲套墨，此爲其散佚者。

此墨造型别致，寓『永結同心』之意。

汪時茂，號天一，别署守玄室。安徽休寧人。明清間墨工。

321

清　康熙三十四年（一六九五）

松籟堂墨

長12.5厘米　寬2厘米

雙聯松籟堂墨，正面行書陰識填金『松籟堂』三字，下鈐篆書方印二，一爲『王元烈印』，一爲『承武』二字，左下角有『乙亥汪世臣製』款，背鑄二螭。『乙亥』爲康熙三十四年。

王樫，字聖木，別署松籟堂。王鉞之孫。康熙己卯科舉人，著有《松籟堂詩草》、《粤游詩草》等。

王元烈，字承武。樫之子。康熙五十二年癸巳科舉人，累官貴州知府。

汪世臣，安徽徽州府人。康熙時人，非墨工，可能爲行商，赴各地承辦代製。

汪世臣墨極少見，周紹良先生藏一笏。署『松籟堂』，有『王元烈印』、『承武』兩印，與此墨同，『康熙丁酉年』（康熙五十六年），則晚於此墨二十二年。（參見《尹潤生墨苑鑒藏録》）

322

清　雍正五年（一七二七）　貢墨　范時繹

天章煥彩墨

長9.8厘米　寬2厘米

墨爲圓角長方形，正面楷書陰識填金『天章煥彩』四字，背面鏤雲紋。一側署『雍正丁未年』年款，一側下端『臣范時繹恭進』，皆楷書陽識。

范時繹，雍正五年（一七二七）時爲兩江總督。徽州知府沈一葵在《曹氏墨林》中云：『余奉命移守新安，制臺范公委以治墨，上供宸翰。因得接其（曹素功）文孫西侯，風流俊雅，克繩祖武。詢其製法，備言其家傳之秘，物料精好，和杵有度，參以前人之法，運其心得之神，墨之能事，不留餘蘊。』制臺范公即范時繹。范是通過知府向曹素功之孫西侯定製的貢墨。（以上引自《尹潤生墨苑鑒藏録》）

范時繹爲奉旨抄曹頫家者，時正是雍正五年丁未。

323

清　乾隆十年（一七四五）　程正路

悟雪齋填詞墨

長11.5厘米　寬2.4厘米

墨呈上下出弧的長方形，正面爲陰識填金隸書『悟雪齋填詞墨』，背面爲陰識填金行書『乾隆乙丑程正路家藏』，文字周邊飾祥雲紋。

程義字正路，號恥夫，又號晶陽子。歙縣槐唐人。工詩善畫，别號雪齋，其墨肆名『悟雪齋』，爲康熙年間名墨坊之一。乾隆乙丑即乾隆十年。

324

清　乾隆十二年（一七四七）　曹素功款

隃麋墨

長9.8厘米　寬2厘米

墨正面署『隃麋墨』、『徽歙曹素功造』字樣，背面篆文『香』字，下鏤一螭。側面『乾隆丁卯年』款。乾隆丁卯即乾隆十二年。

325

清　乾隆十四年（一七四九）　汪近聖

養性殿珍藏款硃墨

長9.8厘米　寬2厘米

面背俱有圖案紋，面篆書陽識『采蘭書屋珍藏』，背楷書陰識『十萬杵』三字，楷書陽識『乾隆己巳年造』，下押『近』、『聖』兩印，側面『養性殿珍藏』款。乾隆己巳即乾隆十四年。

汪近聖（一六九二—一七六一），清代製墨名家。別署鑒古齋，係徽州績溪縣尚田村人。原是曹素功家墨工，清康熙、雍正年間名聲鵲起，其墨雕鏤之工，裝飾之巧，無不備美，與曹素功、汪節庵等齊名，一時購求之家咸以汪氏爲最。

清　乾隆十九年（一七五四）　袁枚

326

輕膠十萬杵墨

長7.7厘米　寬2厘米

正面爲隸書『輕膠十萬杵』，背面則爲行楷『隨園居士袁枚製于小倉山房』，皆陰識填金。墨側楷書陽識『乾隆甲戌年造』。

袁枚（一七一六—一七九七），字子才，號簡齋，晚年自號倉山居士、隨園老人。浙江錢塘人。乾隆四年進士，歷任溧水、江寧等縣知縣，有政績，年甫三十餘即乞歸。在江寧小倉山下築隨園，吟詠著作爲樂。著有《小倉山房詩文集》、《隨園詩話》、《隨園隨筆》等。隨園廣交游，嘗屬汪心農選料製墨，貯贈名公巨卿。《小倉山房文集》中不乏贈墨之舉。袁枚是乾嘉時期代表詩人之一，與趙翼、蔣士銓合稱『乾隆三大家』。（參見《尹潤生墨苑鑒藏録》）

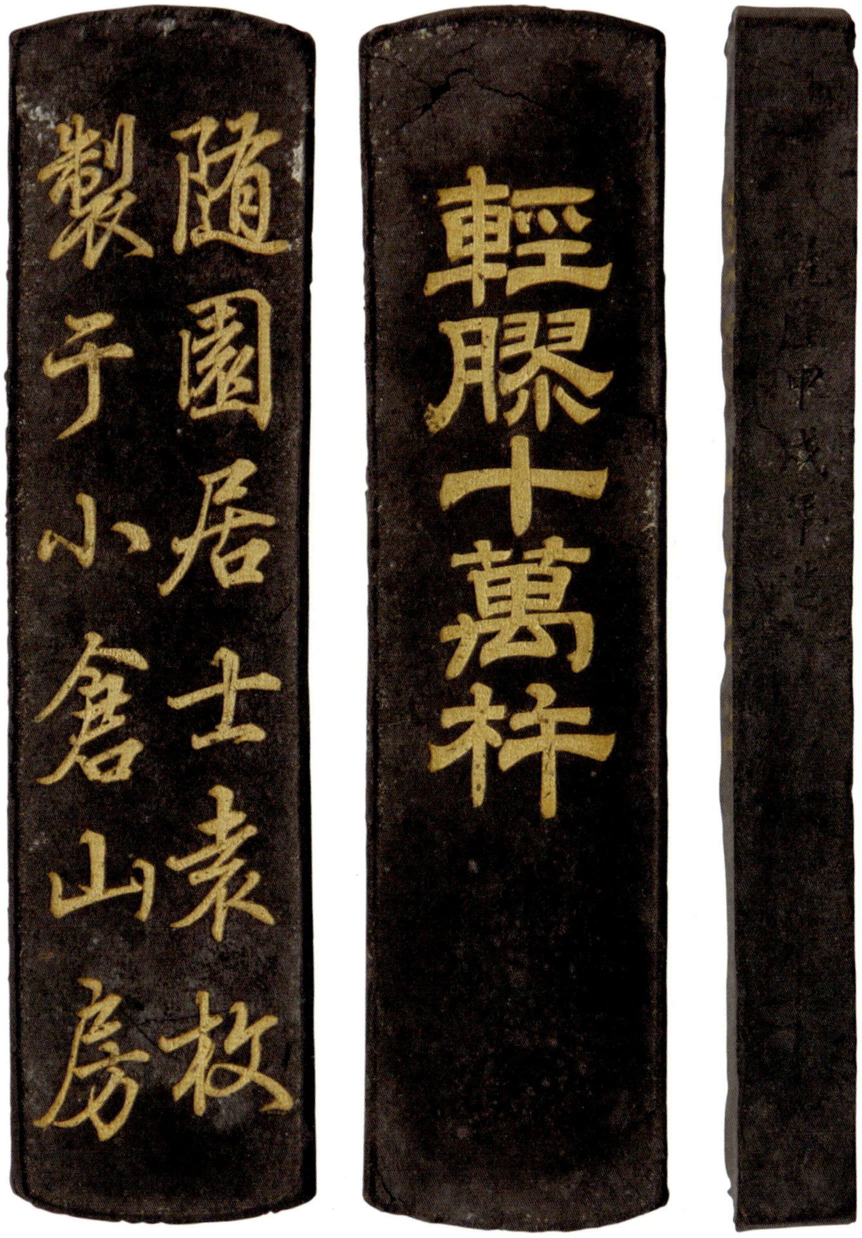

327

清 乾隆三十九年（一七七四） 御墨

歸昌叶瑞墨

長12.6厘米 寬4.8厘米

正面上方篆書『御墨』，中隸書『歸昌叶瑞』，下有『幾暇臨池』篆書方印，均爲陰識。背面上方爲飛舞的鳳凰，下有樹木、樓閣，襯以浮雲。墨側一邊爲『乾隆甲午年』，另一邊爲『徽州胡開文製』，均陽識楷書。乾隆甲午年，即乾隆三十九年。

胡開文，字柱臣，號在豐，著名徽商，徽墨行家，清代乾隆時製墨名手，徽州績溪縣人。師從徽州休寧汪啓茂，爲休寧派墨匠後起之秀。

328

清　乾隆四十二年（一七七七）

蘭谷定堂滿文墨

長9.7厘米　寬1.5厘米

方柱形，四面款識均爲陰識，滿漢文字義同。一面陰識填金『蘭谷定堂家藏』六字款，下鈐『福禄』、『申之』兩印，一面滿文義同『蘭谷定堂家藏』，一面陰識填金『乾隆丁酉年製』，另一面滿文義同。頂篆書『頂烟』二字。[一]

據《周紹良蓄墨小言》：清馬步蟾《徽州府志》卷七之一《職官志》于『職官督捕通判』項下載：「福禄，滿洲鑲白旗人，筆帖式，（乾隆）三十九年（一七七四）任。」』[二] 周紹良先生認爲：『蘭谷定堂當是其齋名。』乾隆丁酉年，爲乾隆四十二年。

【注釋】

〔一〕參見尹潤生《漫談滿文墨》，《紫禁城》二〇一〇年第十一期。

〔二〕周紹良：《周紹良蓄墨小言》，紫禁城出版社二〇〇九十年二月第一版。

329

清 乾隆五十一年（一七八六）

石舟用張遇法造柱形墨

長11.4厘米 寬1.8厘米

墨呈八棱柱形，頂端鏤『太極圖』，塗金。每面額端陰識填金鎸『卦』一，并陰識隸書填藍注明卦名，面『坎』卦，下端楷書『乾隆丙午石舟用張遇法造』，陰識填金。背『離』卦，下端隸書『石帆畫舫珍賞墨』，陰識填金，下鈐連珠小印『石』、『舟』，塗金。石舟，無考。

乾隆丙午即乾隆五十一年。

330

清　乾隆五十六年（一七九一）

清和神品墨

長10.5厘米　寬1.4厘米

墨爲圓柱形，通體漱金。一面隸書陰識填藍『清和神品』四字，一面陰識填綠『乾隆辛亥歲昜堂氏藏』。乾隆辛亥，即乾隆五十六年。

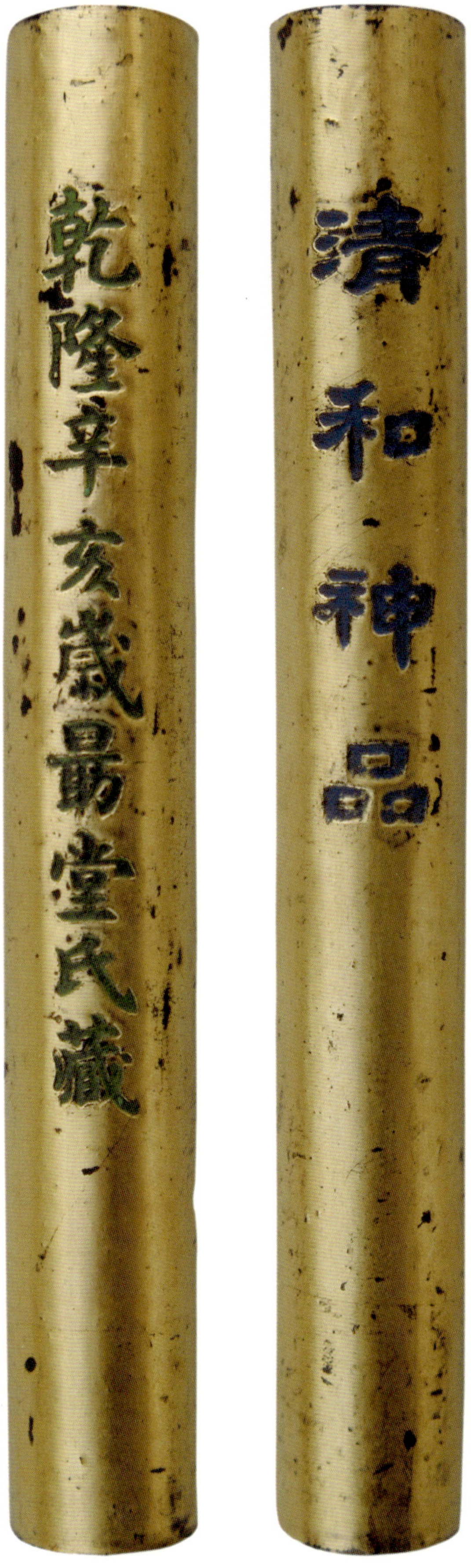

331

清 乾隆五十六年（一七九一） 汪心農

菊香膏墨

長10.3厘米 寬2.7厘米

長條形，厚闊邊，通體漱金。正面陰識楷書填緑『菊香膏』三字，上方嵌米珠一粒。背面陰識楷書填藍『乾隆辛亥心農製』七字款。

汪榖，字心農，號琴田。安徽休寧人。工寫蘭竹，筆結妍雅。喜蓄硯，構屋，居之顔曰『試硯齋』。與袁簡齋、王夢樓兩太史爲翰墨交。據徐康《窳叟墨録》載，汪心農偶獲明末時的阿膠一篋，嗅之有菊花香，於是就用此膠製墨，稱之爲『白鳳膏』和『菊香膏』。《周紹良蓄墨小言》：『張絅伯先生語我，徐氏謂汪心農「得明季阿膠一巨篋，嗅之有菊花香」一節，考之事實，殊嫌不實。……我覺得絅伯之言頗有理。』『絅伯認爲心農所製墨俱出汪節庵手。』

乾隆辛亥即乾隆五十六年。

332

清　乾隆五十七年（一七九二）

南昫鑒定硃墨

長11.5厘米　寬2.5厘米

墨作小瓠瓜形，極精，一面陰識填緑『乾隆壬子年』年款，一面陰識填藍『南昫鑒定』四字。

吴旬華，字南昫，江蘇沭陽人，乾隆四十五年（一七八〇）進士。吴氏對製墨極其講究，俱非凡式。乾隆壬子，即乾隆五十七年。此墨爲泰曉陽兄所贈。

333

清　乾隆五十九年（一七九四）　汪節庵

海上聯吟之墨

長10.8厘米　寬3.4厘米

正面陰識填金『海上聯吟之墨』六字，背面陰識填金『趙漁叜徐耳菴東園宮淦泉夏／少舫李晉孚袁應旂紫雯曉江／小莽洪研莀純士筱圖同造』，兩側面『函璞齋珍藏』款、『乾隆甲寅仲春歙汪節菴造』。乾隆甲寅，即乾隆五十九年。

汪節庵，名宣禮，字蓉塢，安徽歙縣人，『清代四大墨家』之一。他的製墨店號『函璞齋』與曹素功『藝粟齋』、汪近聖『鑒古齋』并駕齊驅。

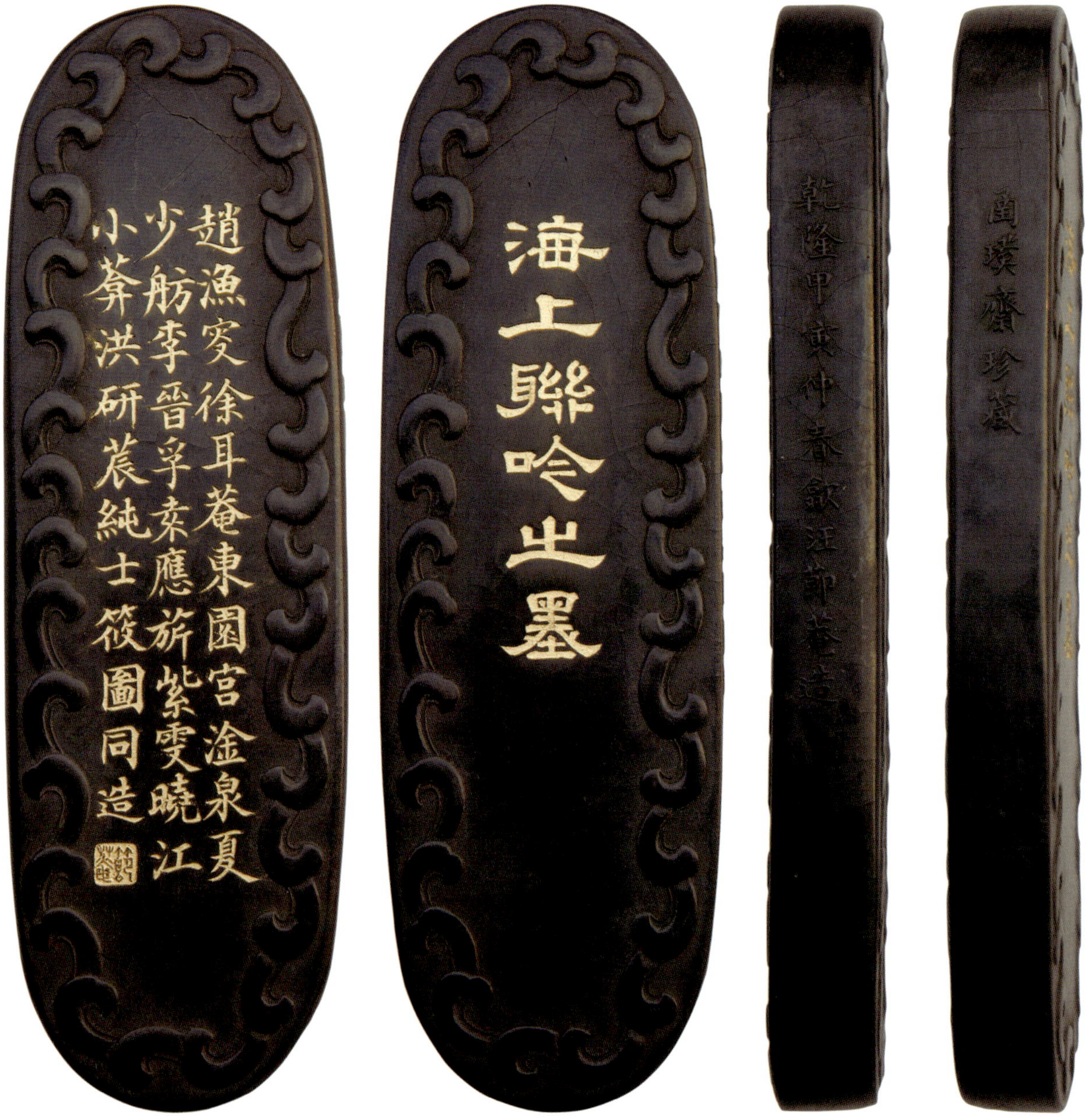

334

清　乾隆　王昶

三泖漁莊墨

長10.6厘米　寬3.5厘米

墨錠書卷式，正面陰識楷書填金『三泖漁莊松烟神品』八字，下鈐連珠小印『述』、『菴』二字，背面陽識楷書『海陽吴勝友按易水法製』款。

王昶（一七二四—一八〇六），字德甫，號述庵。江蘇青浦人。乾隆進士。生平健於爲文，富於詩詞，而尤精考證。著有《春融堂詩文詞集》、《湖海文集》、《湖海詩集》、《金石萃編》等。三泖漁莊爲王昶莊園名，他的《春融堂集》第三卷即名《三泖漁莊集》。（參見《周紹良蓄墨小言》）

335

清 嘉慶

曹素功來孫堯千製十六尊者套墨之一
阿迎阿機達尊者

長6.8厘米 寬5.6厘米

曹素功來孫堯千製十六尊者套墨，殘存八笏，此爲第一笏：墨呈開展之卷軸形，一面有羅漢圖像，并有金書楷字羅漢尊名與乾隆改定後名號：『第十三因揭陁尊者，今定爲阿迎阿機達尊者，位第一。』另面爲乾隆詠贊阿迎阿機達尊者的贊文：『衣披百衲，杖扶一笻。梵書貝帙，注目橫胸。阿唎吒迦，若有所記。記則不無，而非文字。』墨側陽識楷書『曹素功來孫堯千謹製』款。

曹堯千，曹素功六世孫，繼承祖業，造墨亦負盛名，爲清代嘉慶間製墨名家。

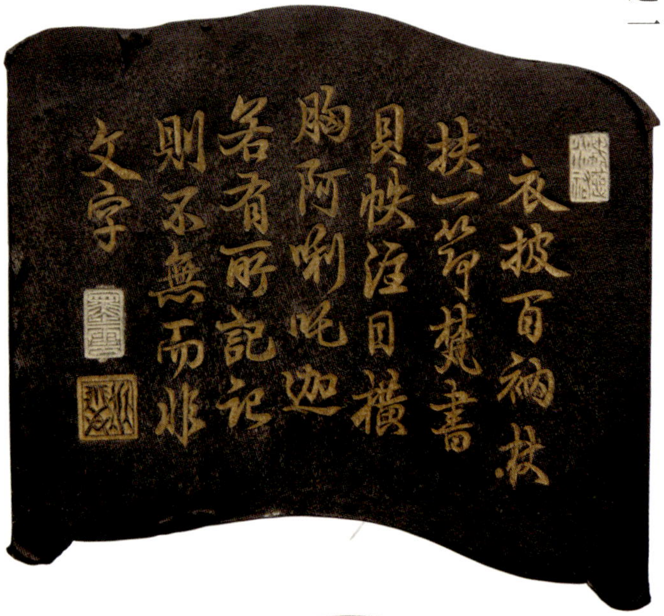

336

清　嘉慶

曹素功來孫堯千製十六尊者套墨之二　阿資苔尊者

長8.4厘米　寬3厘米

第二笏：長方形委角内凹，一面有羅漢圖像，并有金書楷字羅漢尊名與乾隆改定後名號：『第十五阿氏多尊者，今定爲阿資苔尊者，位第二。』另面爲乾隆詠贊阿資苔尊者的贊文：『抱膝獨坐，嗒然若忘。心是菩薩，貌是鬼王。左栴檀塗，右利刀割。何怨何恩，平等解脱。』墨側陽識楷書『曹素功來孫堯千謹製』款。

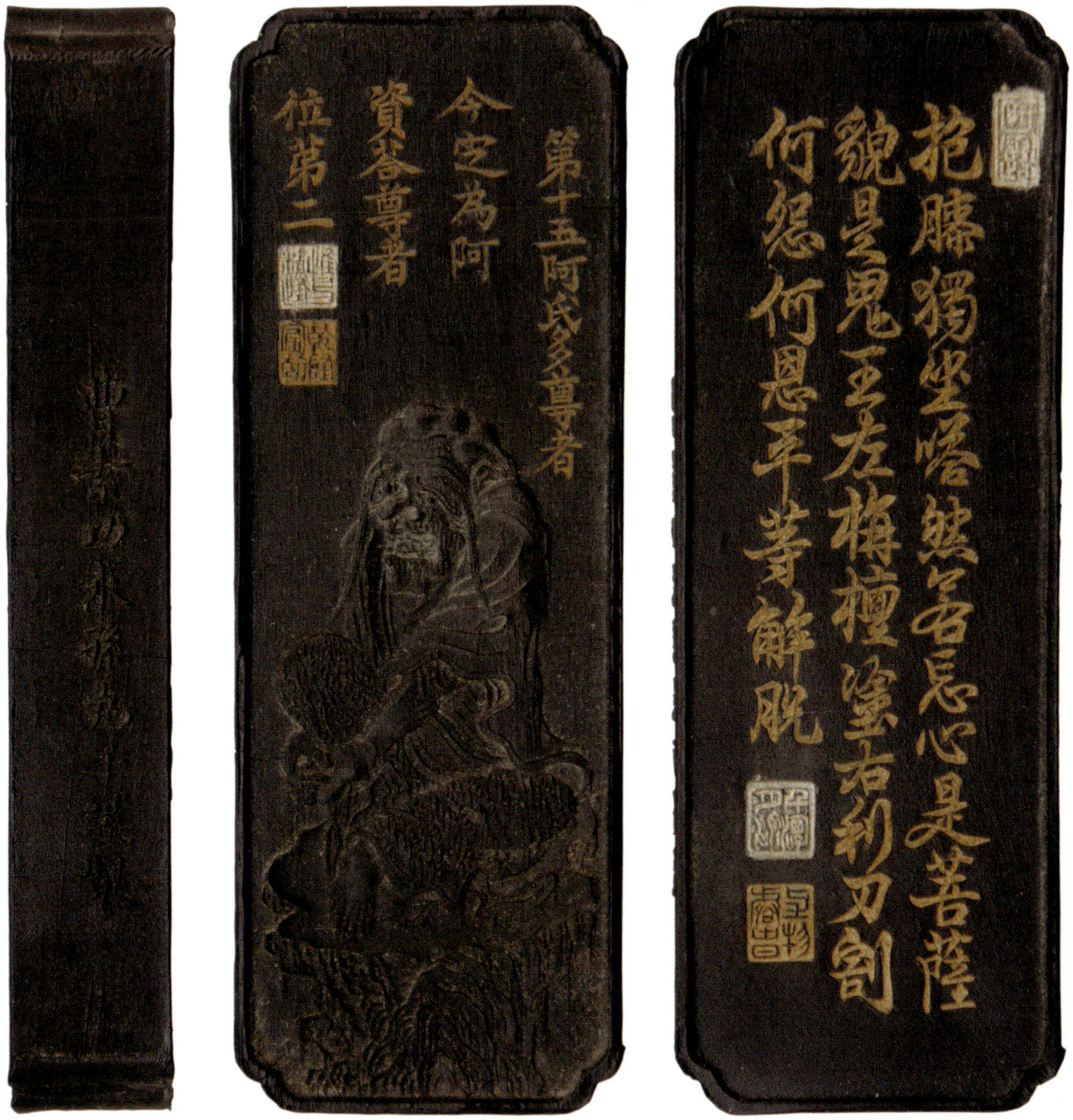

337

清 嘉慶

曹素功來孫堯千製十六尊者套墨之三 拔納拔西尊者

長6.9厘米 寬3.4厘米

第三笏：長方形委角，一面有羅漢圖像，并有金書楷字羅漢尊名與乾隆改定後名號：『第十四伐那婆斯尊者，今定爲拔納拔西尊者，位第三。』另面爲乾隆詠贊拔納拔西尊者的贊文：『閉目巖中，入無生忍。流水行雲，事理俱泯。聊復爾爾，起心則那。威音賢劫，一瞬而過。』墨側陽識楷書『曹素功來孫堯千謹製』款。

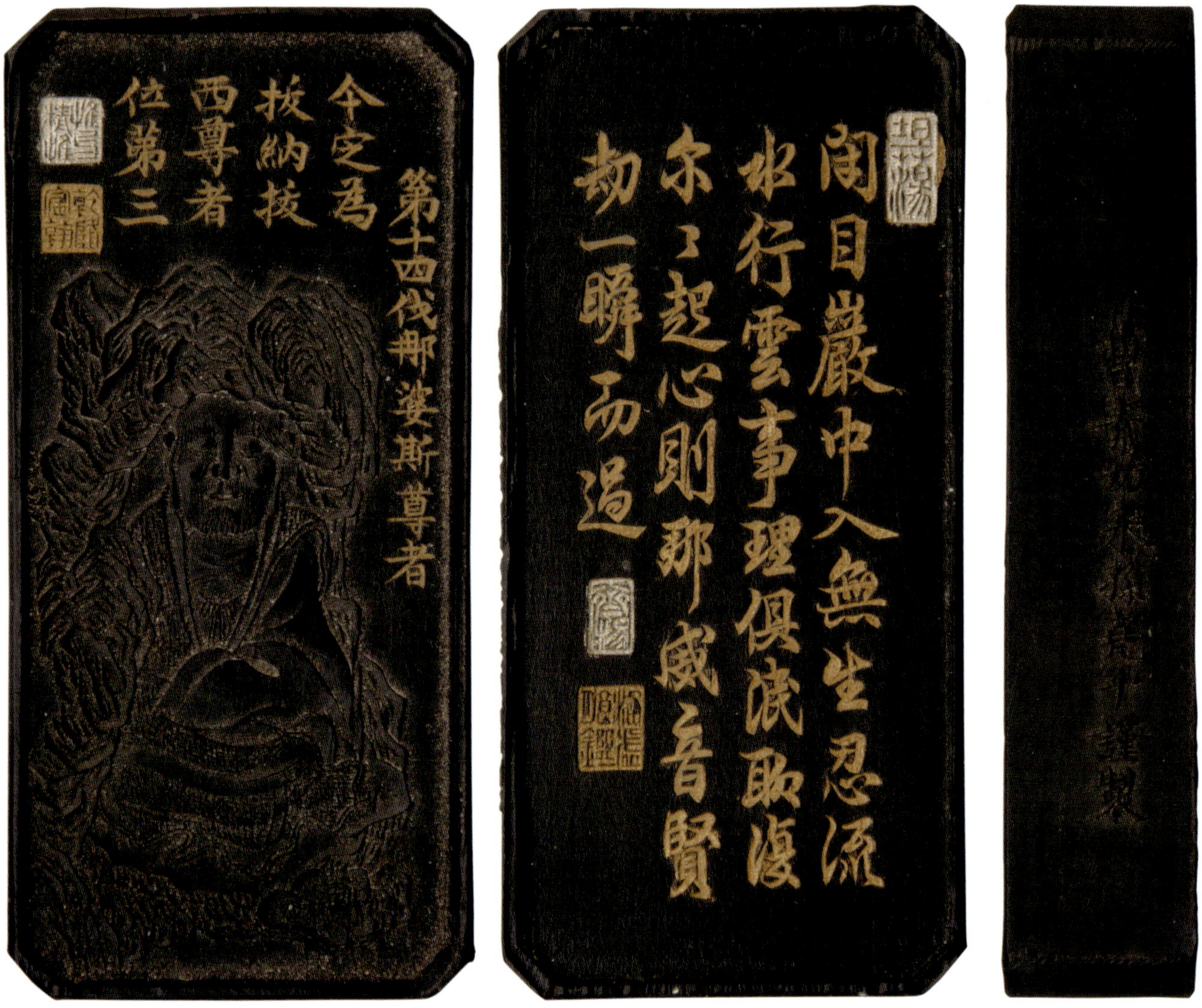

338

清　嘉慶

曹素功來孫堯千製十六尊者套墨之四 嘎禮嘎尊者

長5.9厘米　寬5.6厘米

第四笏：八邊形，一面有金書楷字羅漢尊名與乾隆改定後名號：『第七迦理迦尊者，今定爲嘎禮嘎尊者，位第四。』另面爲乾隆詠贊嘎禮嘎尊者的贊文：『撼石側膝，于焉以息。惟是上人，非語非默。眉毛拖地，以手挽之。詎云揀擇，示此絲絲。』墨側陽識楷書『曹素功來孫堯千謹製』款。

339

清 嘉慶

曹素功來孫堯千製十六尊者套墨之五 拔雜哩逋荅喇尊者

長7.7厘米 寬4.1厘米

第五笏：墨一面有羅漢圖像，并有金書楷字羅漢尊名與乾隆改定後名號：『第八伐闍那弗多尊者，今定爲拔雜哩逋荅喇尊者，位第五。』另面爲乾隆詠贊拔雜哩逋荅喇尊者的贊文：『顤顟其面，𣨼殑至身。中有相好，孰識此因。以經擲地，參學事訖。佛尚不居，而况非佛。』墨側陽識楷書『曹素功來孫堯千謹製』款。

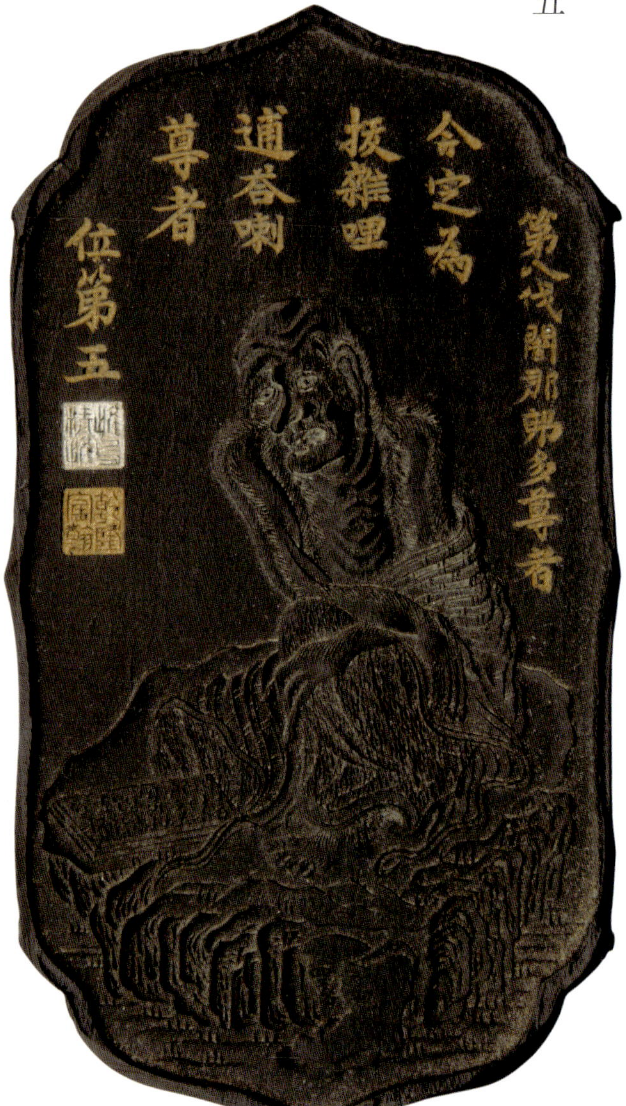

清　嘉慶

340

曹素功來孫堯千製十六尊者套墨之六拔哈達喇尊者

長6.3厘米　寬3.3厘米

第六笏：上凸下凹的長方形，一面有羅漢圖像，并有金書楷字羅漢尊名與乾隆改定後名號：『第六耽没囉跋陁尊者，今定爲拔哈達喇尊者，位第六。』另面爲乾隆詠贊拔哈達喇尊者的贊文：『灌頂豐頤，著水田衣。七佛説偈，都得聞之。目窮色空，任其蚌鷸。趺坐盤陀，行脚事畢。』墨側陽識楷書『曹素功來孫堯千謹製』款。

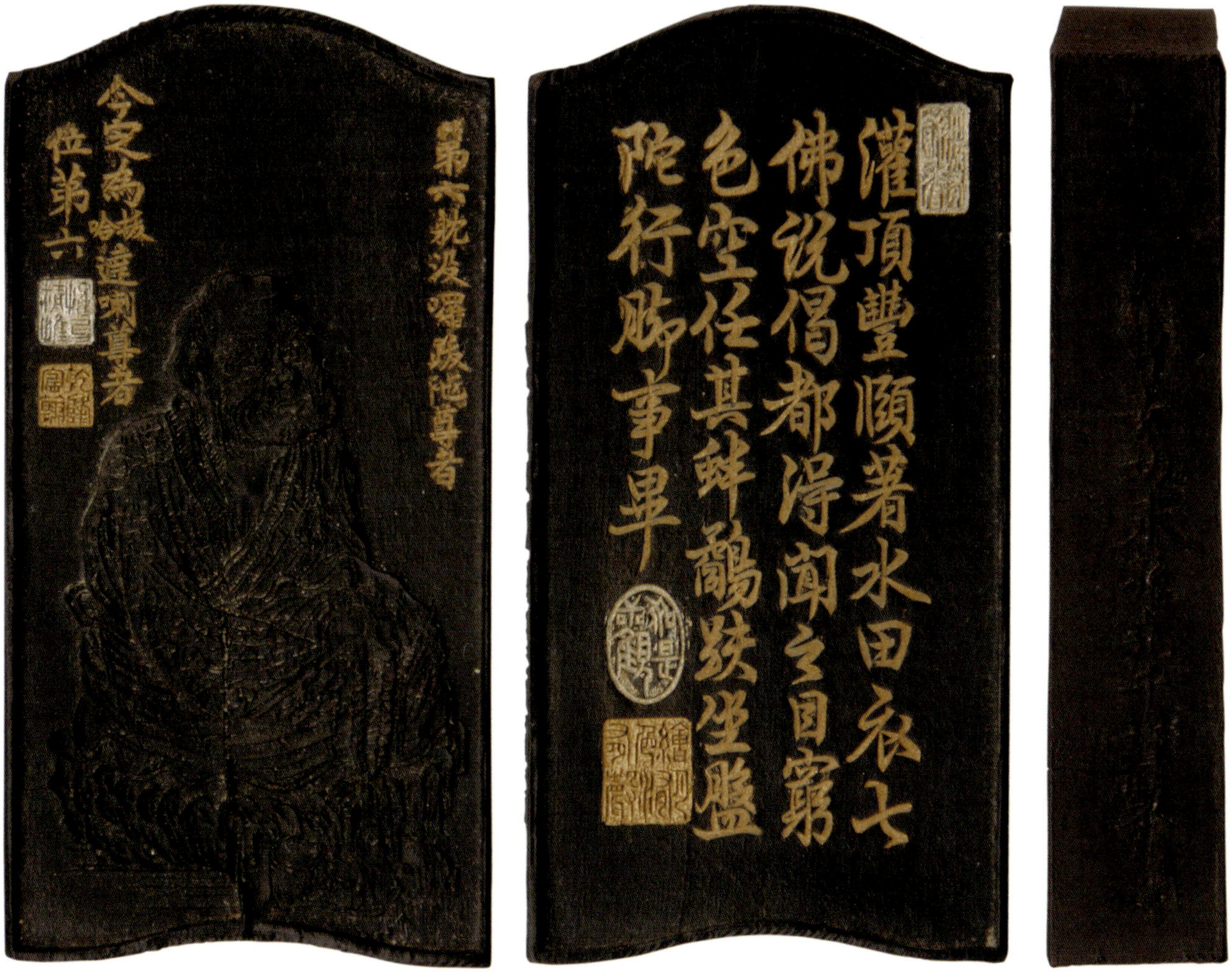

341

清　嘉慶

曹素功來孫堯千製十六尊者套墨之七
嘎納嘎巴薩尊者

長6.7厘米　寬3.5厘米

第七笏：委角長方形，一面有羅漢圖像，并有金書楷字羅漢尊名與乾隆改定後名號：『第三賓頭盧頗羅墮誓尊者，今定爲嘎納嘎巴薩尊者，位第七。』另面爲乾隆詠贊嘎納嘎巴薩尊者的贊文：『前身飲光，後身慧理。西竺靈鷲，識飛來此。芒鞵幾兩，竹杖一根。可放下著，永住聖因。』墨側陽識楷書『曹素功來孫堯千謹製』款。

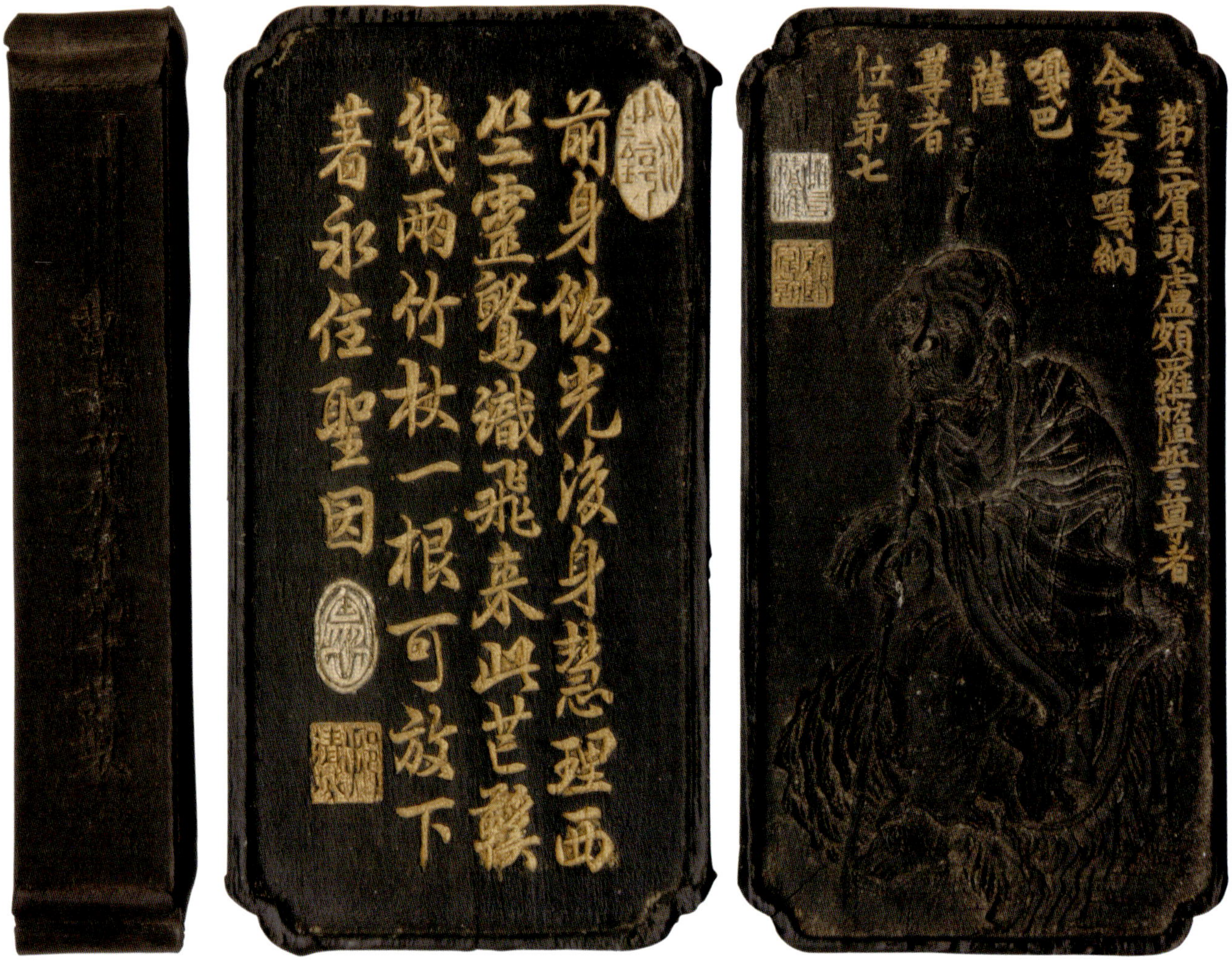

342

清　嘉慶

曹素功來孫堯千製十六尊者套墨之八嘎納嘎拔哈喇錣雜尊者

長7.4厘米　寬3.4厘米

第八笏：墨一面有羅漢圖像，并有金書楷字羅漢尊名與乾隆改定後名號：『第二迦諾迦伐蹉尊者，今定爲嘎納嘎拔哈喇錣雜尊者，位第八。』另面爲乾隆詠贊嘎納嘎拔哈喇錣雜尊者的贊文：『五蘊六識，真幻異同。豎此一指，非彼天龍。與木石居，毛生手足。何不翦之，誰翦豕鹿。』墨側陽識楷書『曹素功來孫堯千謹製』款。

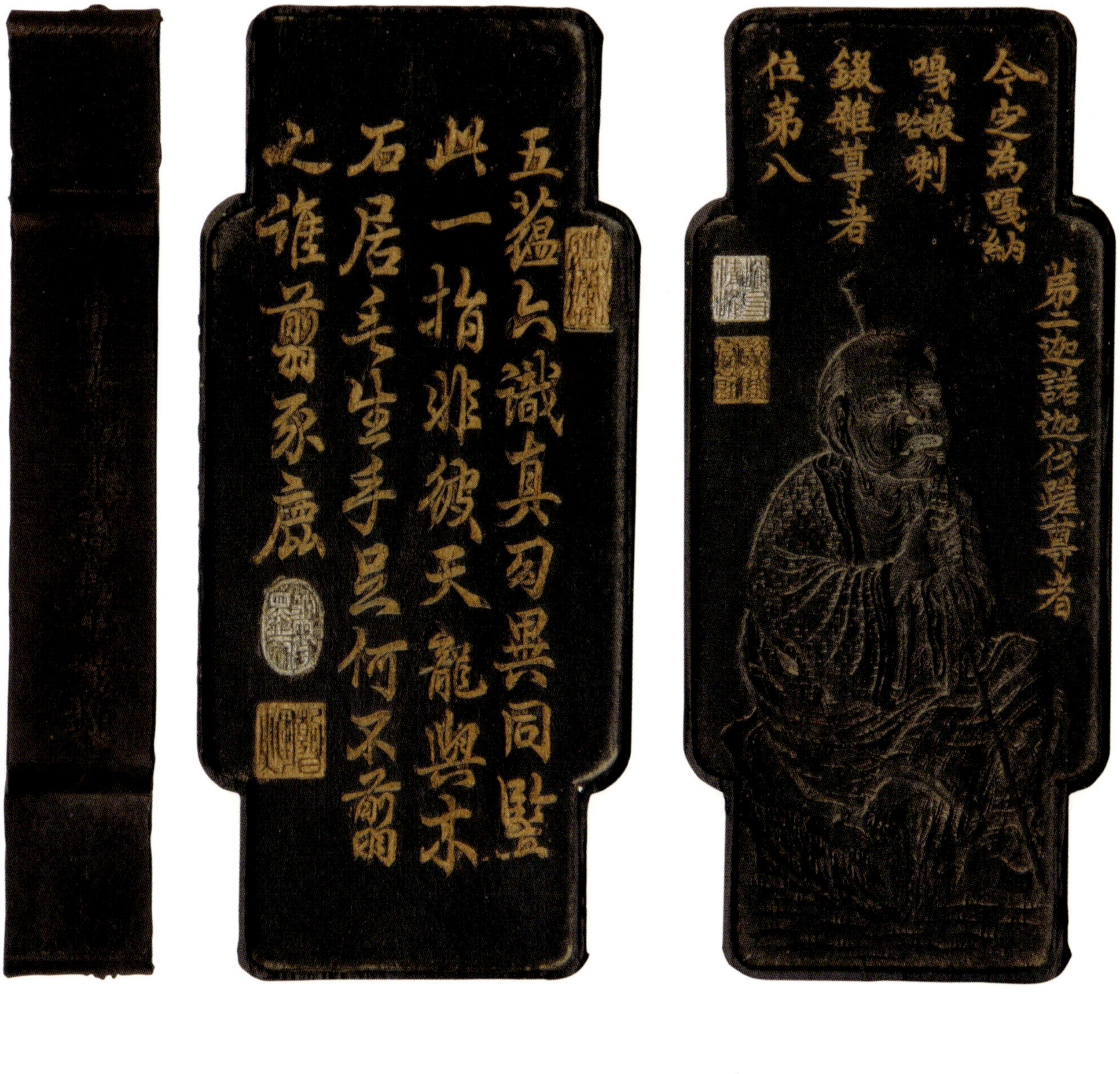

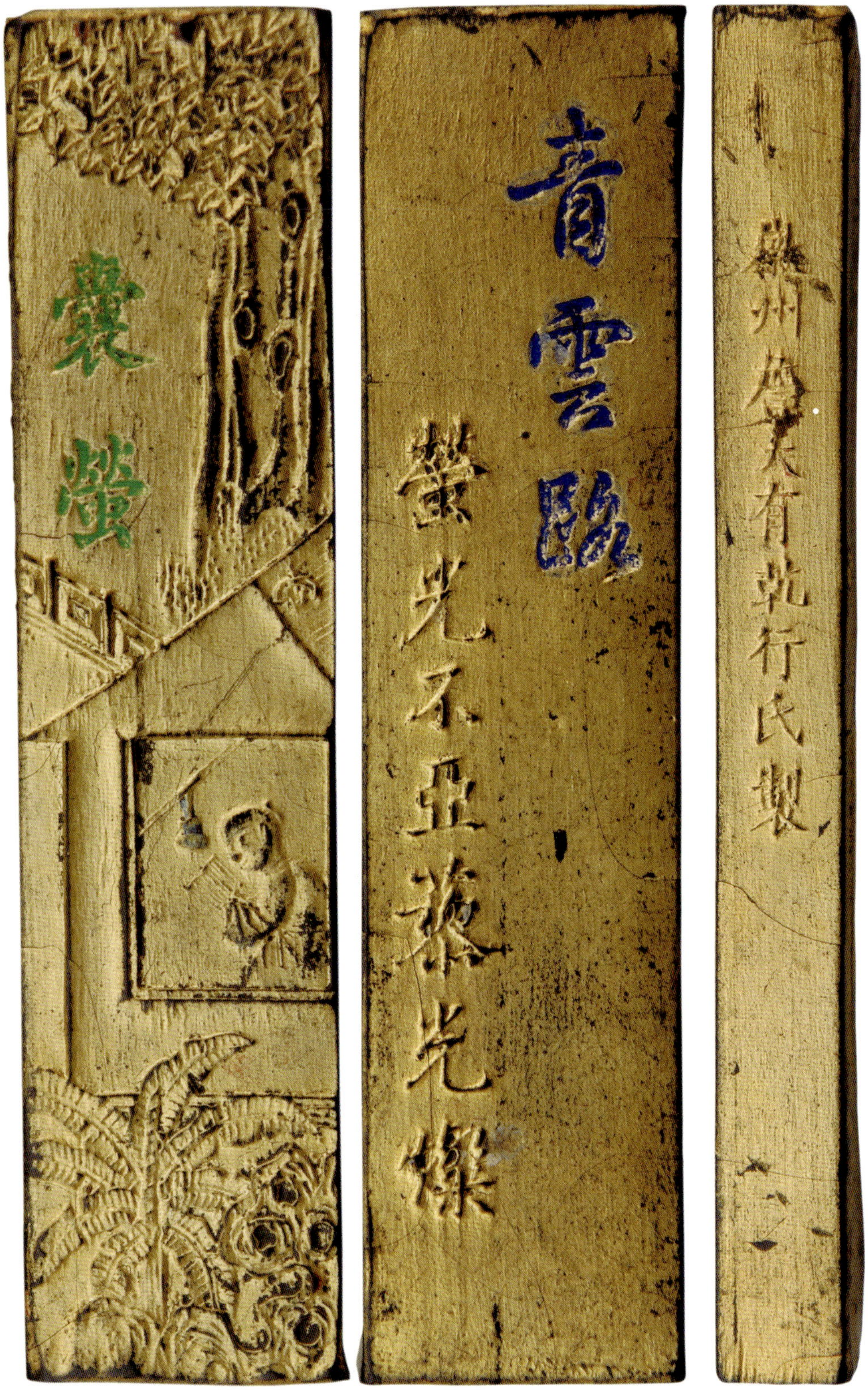

343

清 乾隆至嘉慶 詹大有

青雲路套墨之囊螢

長7.3厘米 寬1.8厘米

墨呈長方形，通體漱金，一面陰識填藍行楷『青雲路』，陽識『熒光不亞藜光燦』，另面鐫囊螢苦讀圖，陰識填緑『囊螢』，墨右側陽識楷書『徽州詹大有乾行氏製』。

清代徽州製墨，爲歙縣、休寧、婺源三縣。婺源製墨家以詹姓爲最多。乾行氏爲詹大有第一代後人，當在乾隆末年或嘉慶初年。此套墨之散佚者。

344

清　嘉慶

九洲清晏墨

長5.4厘米　寬6.3厘米

墨正面爲陰識楷書『九洲清晏』，背面爲宮殿景物圖。墨右側陽識楷書『嘉慶年製』。

此應爲套墨之散佚者。

九洲清晏，爲圓明園四十景之一。位於圓明園後湖景區南島上，是清帝御園的帝后寢宫區。本景中路前後三殿依次爲圓明園殿、奉三無私殿和九洲清晏殿。前殿懸康熙御書『圓明園』匾；中殿爲祭殿，亦是上元筵宴宗親之處；後殿是皇帝的寢殿，額曰『九洲清晏』。

安徽省博物館現藏徽州『嘉慶年製』的清代《宫苑圖墨模》，全套共六十四處景物（皆正面是景名，背面爲圖案），其中屬於圓明、長春二園獨有景物者爲二十四枚，其一即是『九洲清晏』。

345

清　道光至咸豐

雲湖先生拜疏著書墨

長9.5厘米　直徑2.1厘米

石緑墨，長方形，上下出弧，一面陰識隸書填金『雲湖先生拜疏著書墨』，另一面陰識篆書填金『周』及『意秋詞館仿易水法造』，墨右側陽識楷書『新安胡子卿製』。

雲湖先生：赫舍里·多山（?—一八五五），字雲笏，號雲湖，滿洲鑲藍旗人。由舉人官武昌知府，護理按察使。工詩、畫。（參見《八旗畫録》）

胡子卿，名貞權，字允中。生於道光十二年（一八三二），是胡開文第二代傳人胡餘德之孫。據説光緒二十三年（一八九七），胡貞權易簀之際，命次子胡祥振總掌店事，其『奎照齋』墨肆於一九三八年歇業，當時已傳至胡觀貴。前後共歷時七十餘年。

346

清　道光至咸豐

雲湖先生拜疏著書墨

長9.1厘米　直徑2厘米

墨呈長方形，上下出弧，一面陰識隸書填金『雲湖先生拜疏著書墨』，另一面陰識篆書『周』及『意秋詞館仿易水法造』，墨右側陽識楷書『新安胡子卿製』。

347

清　同治至光緒

李鴻章墨

長16.7厘米　直徑1.2厘米

墨爲圓柱形，一面『大學士奏疏之墨』，另一面爲『一等肅毅伯李鴻章監製』，陰識填金行書。

李鴻章（一八二三—一九〇一），字子黻、漸甫，號少荃、儀叟，晉封一等肅毅伯，謚文忠，安徽合肥人。清末重臣，同時是將領兼外交家，洋務運動的主要領導人之一，淮軍創始人和統帥。官至直隸總督兼北洋通商大臣，授文華殿大學士。李鴻章與曾國藩、左宗棠、張之洞，并稱『晚清四大名臣』。

348

清　同治　汪節庵

一瓣香墨

長10.5厘米　寬2厘米

墨長方形，正面上端陰識填金隸書『一瓣香』，下楷書『同治甲子年製』年款，下鈐『涌陵』篆文印。背面陰識填金楷書『季荃夫子公餘唫詩之墨』，一側『徽州汪節庵監造』。頂『五石頂烟』，俱楷書陽識。

《周紹良蓄墨小言》：『李鶴章，字季荃，李鴻章胞弟。……著有《浮槎山人文集》、《半仙居詩草》、《平吳竹枝詞》。』同治甲子，即同治三年（一八六四）。

349

清 同治 袁昶

大富貴亦壽考硃墨

長8.2厘米 寬2厘米

長方形，一面陽識磚文『大富貴亦壽考』六字，一面陽識篆書『芳郭鈍椎監製』；側面『同治甲子冬』，另一側『歙州胡開文造』，頂作『貢烟』，俱楷書陽識。

《周紹良蓄墨小言》：『「芳郭鈍椎」爲浙江桐盧袁昶别號，《清史稿》卷四六六有傳：「袁昶，字爽秋，桐盧人。……光緒二年（一八七六）進士……授光禄寺卿……」最後終致直言被禍。』

350

清　同治　汪近聖

曼陀羅華閣填詞墨

長9.5厘米　寬1.7厘米

墨呈長方形，正面陽識古磚文：『曼陀羅華閣填詞墨』，背鏤紅梅一枝，左上角行書二行趙孟頫詠梅詩句：『欲寄相思無別語，一枝寒玉澹春暉。』一側『同治四年秋杜小舫監製』款，另一側『歙汪近聖仿漆煙法』款，均陰識楷書填金。

杜文瀾（一八一五—一八八一），字小舫，浙江秀水人。曾任江蘇道員，署兩淮鹽運使等。有才幹，爲曾國藩所稱。文瀾工詞，著有《采香詞》、《曼陀羅華閣瑣記》、《平定粵寇記略》及《詞律校勘記》并傳於世。曾以『曼陀羅華閣』名刻蔣春霖《水雲樓詞》。同治四年即一八六五年。

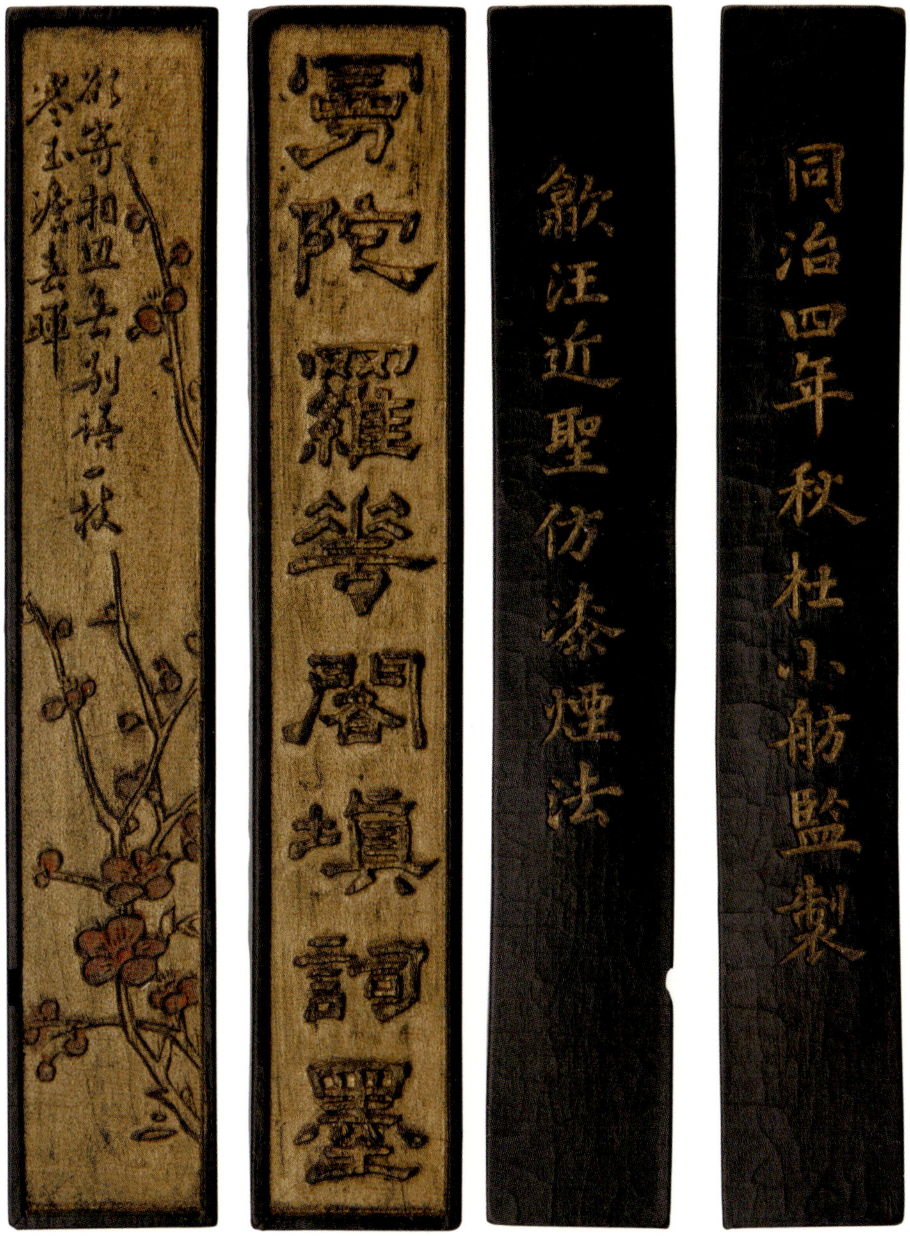

351

清 光緒 譚獻

復堂著書之墨

長10厘米 寬2厘米

面篆書陰識填金『復堂著書之墨』，下鈐篆書『仲儀』章。背陰識填金『藏之名山』，下作隸書填金『光緒丁丑季秋造』。譚復堂（一八三二—一九〇一），即譚獻，原名廷獻，字仲修，號復堂。浙江仁和人。譚獻工駢體文，於詞學致力尤深。其所選清人詞編爲《篋中詞選》，極爲精審。光緒丁丑即光緒三年（一八七七）。

352

清　光緒

富貴長宜子孫吉墨

長13.5厘米　寬2厘米

墨一面篆書陽識『富貴長宜子孫吉』，另一面陰識『光緒辛卯夏午吴大澂監製』。光緒辛卯爲光緒十七年（一八九一）。

《尹潤生墨苑鑒藏録》：『吴大澂（一八三五—一九〇二），字清卿，號恒軒。江蘇省吴縣（今江蘇蘇州）人。同治進士，累官廣東、湖南巡撫。光緒甲午中日之戰，督師出山海關，以兵敗革職。大澂工篆書，嗜古金石，藏有宋微子鼎，見鐫文「客」字作「愙」，遂自號「愙齋」。著有《愙齋集古録》、《説文古籀補》、《古玉圖考》、《恒軒金石録》等。』

353

清　光緒

淵如藏墨

長9厘米　寬3厘米

正面陰識填金『淵如藏墨』，背面陰識填金隸書『光緒十九年歲次昭陽大荒落烏程龐氏定選頂煙』，外環刻填金雙龍紋，龍首相對。墨側陽識楷書『徽州屯鎮老胡開文製』。

光緒十九年即一八九三年。

烏程龐氏：龐元濟（一八六四—一九四八），字萊臣，號虚齋。浙江烏程（南潯）人。富收藏，著有《虚齋名畫録》、《虚齋名畫續録》。此墨或爲龐元濟定製。

清　光緒　俞樾

354

曲園先生著書之墨

長8.1厘米　寬2厘米

長方形。兩面四周皆有圖案紋。正面陰識楷書填金『曲園先生著書之墨』，背面陰識楷書填金『春在堂』三字，下鈐『程氏掬莊』印。左側題記：『光緒丁酉仲春鞠莊精選清煙。』右側題記：『徽州胡子卿製。』

光緒二十三年（一八九七），曲園老人時年七十七歲。

《尹潤生墨苑鑒藏録》：『俞樾（一八二一—一九〇七），字蔭甫，號曲園，別署春在堂。浙江德清人。道光進士，官編修。九歲時即戲爲書，而自注其下。平生學識精力皆攻于著作。著有《春在堂全書》凡一百四十種。俞曲園工篆、隸、行、草諸體，傳品以隸書爲多。』此墨係程鞠莊囑托光緒年間名墨家胡子卿代製而貽贈俞曲園之墨。

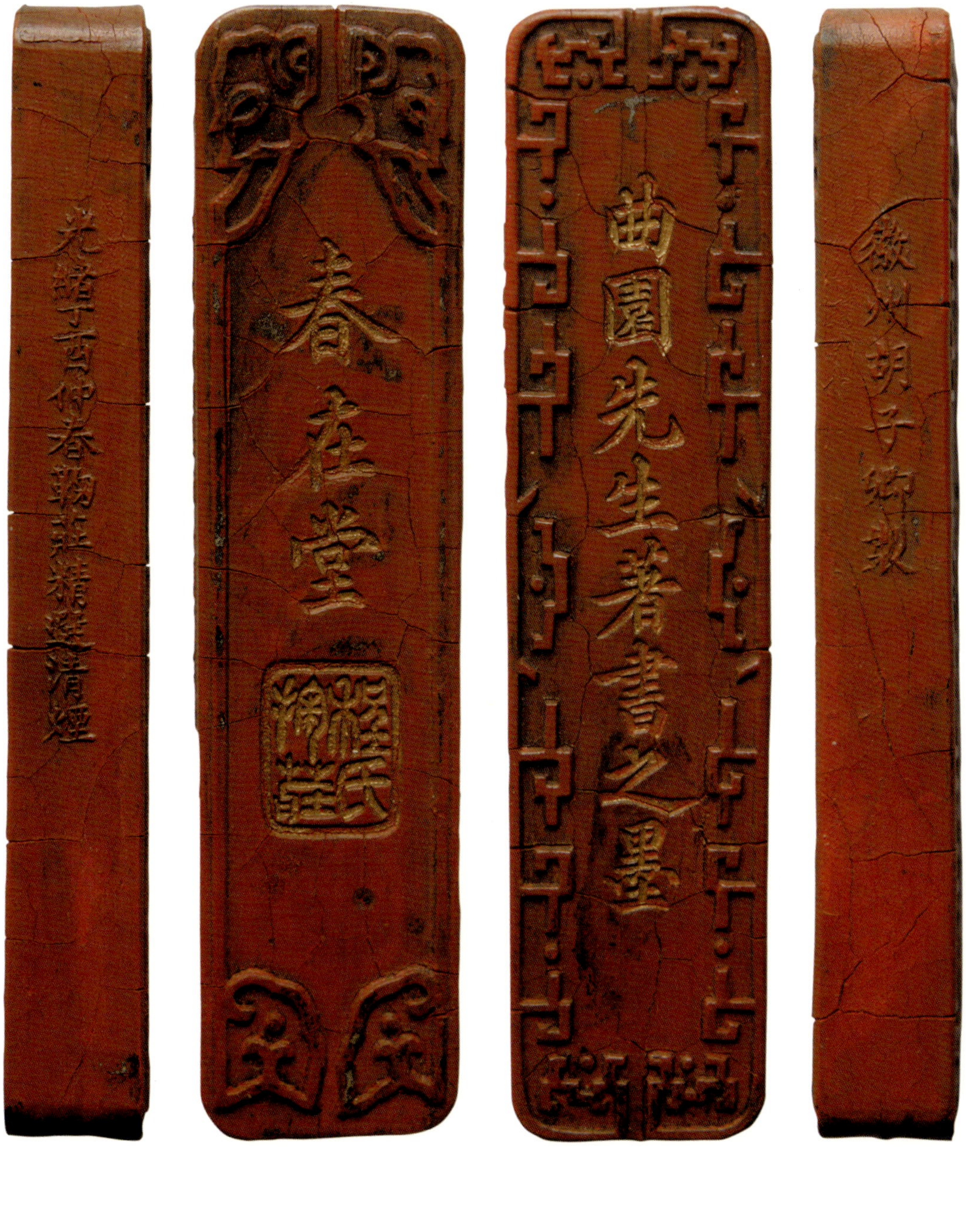

清 光緒三十二年（一九〇六） 貢墨 誠勳

355

萬年紅雲蝠紋硃墨

長9.5厘米 寬2厘米

此硃墨呈長方形，裝飾有雲蝠紋樣及『萬年紅』楷書題名。兩側各落『光緒三十二年』、『安徽巡撫奴才誠勳恭進』，楷書款均爲陽識。（墨已磨動）

誠勳，滿洲正白旗人，一作鑲紅旗、正紅旗人。字果泉。歷任豐錦道，寧紹臺道。光緒二十八年（一九〇二）授安徽巡撫，三十二年二月調江寧將軍。

356

清　光緒　貢墨　增崇

棉花圖套墨之散出者　揀曬

長10.9厘米　寬3.6厘米

棉花圖墨，十六錠，爲成套集錦墨。墨均長方形，墨色黝黑清新，將棉花耕作的勞動全過程再現於墨品之上，即分别爲布種、灌溉、耕畦、摘尖、采棉、揀曬、收販、軋核、彈花、拘節、紡綫、挽經、布漿、上機、織布、練染十六幅棉花的耕作圖景。

此笏『揀曬』爲套墨的第六塊，墨已磨動，但畫面完整，文字未缺：墨一面爲浮雕圖再現了棉花揀曬的勞動場景，左上角陰識填金隸款『揀曬』，另一面乾隆填金行書詩曰：『納稼惟時棉亦成，等差黄白辨粗精。紛羅真有如雲慶，吉語猶占冬朔晴。』後有陽識楷書記曰：『自種迄收田功畢，而人事起矣。棉貴純白，土黄色者亦可。織而直賤水浥者，惟供雜用，爰類擇之以分，差等曝布之，以資久貯，時當秋獲，場圃畢登，野則京坻盈望，户則葦箔紛羅，壁絮如雲堆，光若雷蓋，至是而禦寒之計無虞，卒歲已，農占以十月朔，晴主棉賤，故俗有賣絮婆子看冬朝之謡，驗之良信。』墨側陽識楷書『江南織造奴才增崇恭呈』。

增崇，字壽臣，光緒二十三年（一八九七）至光緒二十六年（一九〇〇）間任江南織造。

357

香草庵主人

揆端百度墨

長11.8厘米　寬3厘米

墨一面陰識填金楷書『揆端百度』，下鈐篆書填金『翰墨林』印，另一面陰識隸書填金『香草庵主人珍賞』，下鈐陰識篆書填金『涂氏仲子』。

358

集賢齋書畫墨

長9.3厘米　寬1.9厘米

墨一面陰識楷書填金『紫金不換』四字，另一面陽識篆書『集賢齋書畫墨』六字，一側『五石漆煙』四字。集賢齋，無考。

359

曹立功

台鼎墨

長10.5厘米　寬2.4厘米

石綠墨，一面陰識楷書填金『台鼎』，另一面陽識楷書『徽州曹立功法製』。

曹立功，無考。

360

龍光硃墨

長10.8厘米　寬1.1厘米

墨爲長條形，正面陰識行書『龍光』二字，下鏤長劍在鞘紋，背面陽識行書『匣中三尺劍，逸氣凌雲霓。分手脱相贈，丹飛六一泥。集唐。貴珍齋主人選煙。』

集唐，是指以上四句乃集唐人詩。貴珍齋主人，無考。

361

一九九七年北京國際紅樓夢研討會紀念墨

直徑13.24厘米

墨爲圓形，正面陰識填金行書『丁丑北京國際紅樓夢研討會特製紀念，中國紅樓學會、遼陽市人民政府、中國藝術研究院主辦，黃山徽州老胡開文墨莊精製，屯溪老街春風草堂監製，丁丑立春馮其庸題』，下押陽文『馮其庸』印。外環梅蘭竹菊紋。背面爲淺浮雕『寶黛讀西廂』畫，爲著名工筆畫家譚鳳嬛所作。墨側陽識行書『丁丑北京國際紅樓夢研討會特製紀念，馮其庸題』。

362

瓜飯樓藏烟

長9.5厘米　寬2.2厘米

墨正面行書陰識填金『瓜飯樓藏烟』，下鈐篆書『馮其庸印』，背面行書陰識填金『大千俱是夢中人』，墨兩側陽識行書款『丁丑十月』、『春風草堂製』。

363

瓜飯樓校紅硯

長65厘米　寬36厘米　高15.5厘米

硯側篆書刻『瓜飯樓校紅硯，寬堂篆』，硯面刻『瓜飯樓硯銘：黝而墨，皴而韻。萬點金星。幾彎眉痕。一片暈。君得我而獲知音，我得君而叩君長鳴。悠悠天地，離合前因。馮其庸銘』，左側刻『馮其庸印』章。另側題刻：『丙子七月初九日，予與邵春風同游婺源之龍尾山，於溪頭硯山村獲此奇石，識者云：此唐坑遺珍，龍尾之精也。昔蔡君謨所云肯要秦人十五城者也。春風乃爲巧施磨琢，成此神品。寬堂馮其庸識於屯溪煮石齋，時邵春風、俞宏理、黃公鈍字彦士同觀。』硯面左側小字刻：『丙子張碩刊。』

此硯石出於婺源龍尾山唐硯坑，唐時所遺，爲硯工於龍尾唐硯坑中新得，余與邵春風適至硯山村，因得此石，寬堂記。

後記

本卷是綜合性的，凡不能專題成卷的，都歸入本卷，因數量多，又分爲兩卷。

本卷的編輯，以史爲經，但爲便於閱讀，也有相對集中的部分，如秦漢瓦當，漢魏六朝的磚，唐宋元明的瓷器，古墨等類，都以類集中，這樣便於讀者前後比較揣摩。

本卷所録部分珍貴文物，已無償捐獻給國家，如戰國時的『郳陵君鑒』等五件青銅器，已於『文革』後期捐贈給南京博物院，明正德皇帝的『罪己詔』，已捐贈給第一歷史檔案館。蒙他們幫助，給我拍來了照片。本卷裏還有若干珍貴的文物，可供讀者研究。

編集本卷，幾乎花了我半年的時間，還多虧老友和專家們的幫助，如彩陶部分是由郎樹德和陳楠先生鑒定的，郎先生是史前文化和彩陶文化研究的專家，是秦安大地灣遺址發掘的主持人。大地灣的發掘，被評爲二十世紀中國考古大發現之一，我於大地灣發掘之時，曾去考察過。

陳楠先生是著名的收藏家和鑒定家，他的收藏以漢畫像石、磚爲主，旁及原始陶器、彩陶等。

收在本書裏的唐玄宗投龍簡拓本，有劉銓福的長題，是此件器物的最早拓本，距出土大約只有十多年。還有刻李香君像、有侯方域等人題跋的硯臺拓本是『文革』前就收到的，還有一批古墨，有幾錠是友人泰曉陽兄從歐洲買回的，那是一批英法聯軍從圓明園搶走的皇家藏墨。友人意外地在歐洲發現，就成批地買了回來，送了我兩錠，還有一批是我陸續收購到的宫廷藏墨和貢墨。有一件雍正五年的墨，造墨的主人兩江總督范時繹是抄曹雪芹家的人物，而造墨貢墨的那年，也就是抄曹雪芹家的一年，這正是歷史的一點劫痕。

今年春天，我還意外地經友人幫忙，得到了四錠宋墨，這也是意外之喜。

特別要説明的是我收集這些文物，并不是想當收藏家，也不是藏寶，我是爲了認識歷史，認識各個時代具體的實物，所以我更多的收藏，反倒是民間的日用品，例如我收藏的瓷器，全是各代的民窑，因爲這是普通人民生活的真實反映，是歷史的廣闊面和真實面。

在編這卷書以及其他各卷書時，大都是海英爲我做的電腦工作，而且她還幫我查閲大量資料，增補多種重要藏品的説明。

她現在商務印書館工作，是商務的于總把她派回來的，所以我首先要謝謝于總、江總，還有經常與我有工作聯繫的編輯同志。同時也要謝謝海英。因爲這整整一部書共十五册，都要她從電腦裏做出來，這是一項重大的工程，而且她一直在我身邊十六年，熟悉我的學術狀况，更熟悉我的電腦，所以這個幫手，只有她是唯一勝任的！

這部書涉及面實在太廣，幾十件彩陶的鑒定，是柴劍虹兄爲我請的以上兩位專家，還有三峽的魏靖宇兄，不僅爲我收集和編輯了明青花專集，還爲我收集了一批其他文物，如十多件瓷器墓誌銘、兩件磚刻墓誌銘，四錠宋墨等，都是他和他的女兒魏寧爲我收到的，我要特別謝謝他們父女倆人。瀋陽的孫熙春賢弟，則一直認真地爲我承擔了大量的編輯工作，還與他的學生劉猜猜一起，爲我傳拓了全部漢磚漢瓦和石刻造像，而且一絲不苟，因爲有他的幫助，我身上的壓力相對減輕了不少。

這部書的另一個重大難題是拍攝，因爲這些都是文物，不經過精密的拍攝，是無法成書的，而這一巨大工程，是老友汪大剛、姚偉延爲我承擔的，因爲不斷地拍攝，竟把大剛的專業相機拍壞了，這也是少見的，足以作爲佳話傳頌，但我心裏却是無限的歉意。他們兩位，除幫我拍攝全部圖片外，還幫我編定了《瓜飯樓藏紫砂壺》、《瓜飯樓藏漢金絲楠明式傢具》。此外本書的全部總設計，也是請他們負責的。

這項工程的另一難題是傳拓和傳拓後的托裱，因爲除了實物本身的照片以外，還需要傳拓後拓本的照片，這就少不了托裱這個工藝了，而我這麽多實物的拓本，全都是仰仗郭延奎弟托裱的，工作量之大，工作之難也就可想而知了，所以我也衷心謝謝郭延奎賢弟，是他不辭辛勞，解決了我的這個難題。

最後我還要謝謝徐州的劉輝，他爲我收集了多塊漢磚，也爲我傳拓漢畫像石、墓誌等。

總之，本書之成，實是成於衆人之力，我只有真誠地感謝各位，將它書之竹帛，傳之久遠。區區之意，敬惟讀者鑒察！

二〇一三年九月十四日，癸巳中秋前四日

晚一時於六梅草堂，時年九十又一